Dear Reader,

I am extremely pleased that you have bought my Book - and I hope you will enjoy reading it!

No other Country is like China - its growing faster than the Rest of the World. With the right Mindset you can take part of the Miracle that is happening in China.

My Book will guide you - My Tips and Strategies will make you rich.

Make your life a Masterpiece.
Live your Dreams.

Yours

Bodo Schäfer

亲爱的读者，

谢谢您购买了我的作品，我感到荣幸之至，希望您有一段愉快的阅读之旅。

没有哪个国家像中国这样——它的增长速度超越了世界其他国家和地区。

有了正确的思维方式，您就能参与到中国正在发生的奇迹之中。

我的书能够对您进行指导——我的技巧和策略，将会让您变得富有。

让您的生命成为杰作！

实现您的梦想！

此致

博多·舍费尔

财务自由之路 VI

人生赢家的**365**天行动手册

[德] 博多·舍费尔 著　赵禹霏 译

中国出版集团　现代出版社

版权登记号：01-2021-0968

图书在版编目（CIP）数据

财务自由之路．Ⅵ，人生赢家的365天行动手册 ／（德）博多·舍费尔著；
赵禹霏译．— 北京：现代出版社，2021.3

ISBN 978-7-5143-9016-2

Ⅰ．①财… Ⅱ．①博… ②赵… Ⅲ．①私人投资—基本知识
Ⅳ．①F830.59

中国版本图书馆CIP数据核字（2021）第038388号

财务自由之路．Ⅵ，人生赢家的365天行动手册

著　　者：（德）博多·舍费尔
译　　者：赵禹霏
责任编辑：姚冬霞　朱文婷
出版发行：现代出版社
通信地址：北京市安定门外安华里504号
邮政编码：100011
电　　话：010-64267325　64245264（传真）
网　　址：www.1980xd.com
电子邮箱：xiandai@vip.sina.com
印　　刷：北京飞帆印刷有限公司

开　　本：710mm×1000mm　1/16
印　　张：25　　　　　　　　字　　数：389千
版　　次：2021年3月第1版　　印　　次：2024年1月第3次印刷
书　　号：ISBN 978-7-5143-9016-2
定　　价：45.00元

写给你的一封信 ···

亲爱的读者朋友们：

我想祝贺你拥有了本书。这本书会告诉你如何像赢家那样去理解"行动变现法则"，它会激励你如何去理解一种积极、成功并且充实的生活，以及告诉你如何实现这样的生活。

尽管我的书销售量不错，有时候我却会感觉伤感。因为在所有买书的人中，只有10%的人会阅读超过前20页。而在那些阅读完整本书的人中，只有很少一部分人真正积极地付诸行动。正是这样，我看到了知识与智慧的区别——

智慧，是将我们的知识应用到实际中。

为此，我们每个人都需要帮助。也正因此，这本关于赢家如何行动变现的"实践指导书"（德语为Praxis-Handbuch）应运而生。

"实践指导"（德语Praxis）指的是将赢家"行动变现法则"应用在你的生活当中，着手去做，去处理问题。

"书"（德语Handbuch）代表着对成功的掌控的一种书写。

"行动变现法则"如何对你的生活产生影响，这完全取决于你自己。为此，你负有全部责任。请你想一想那个传说中抱怨午饭只能吃番茄奶酪三明治的年轻人。终于有一天，一位同事对他说："如果你不喜欢番茄奶酪三明治，就和你太太讲，她会给你做点儿别的食物。"年轻人回答道："天哪，我还没有结婚呢，是我自己做三明治吃。"

本书说的就是这样的事情：你自己配好配料，自己决定哪些配料在什么时候分别加入多少。

但是，不要把自己置于毫无意义的压力之下。学习应该是有乐趣相伴，给人带来欢乐的。请你找出一两个今天做出的最有意义的决定来进行练习。如果你有一点时间，就请这样做吧！哪怕只抽出几分钟时间看一看本书，也比什么都不做要好。这样，在接下来的几天中，你也许会想出什么"宏伟"的计划。

同样，你也不要抱有太多期许。即便你犯了同样的错误，也请你不要气馁。这一切都是正常的。过去的我曾经这样，现在也还是一样。我学会了笑看自我。而且我明白了，这其中一共要经历六个步骤来学习：

第一步：我们走在街上，摔到了一个洞里面。花了好长时间我们才费力地从洞中爬出来。

第二步：我们走在同样的街上，摔到了同一个洞里面。我们为自己感到懊恼，再一次费力地从洞中爬了出来。

第三步：我们再次走在同样一条街上，又摔进了同一个洞中。我们勃然大怒。介于这期间进行了下意识的训练，我们总算能更快地从洞里爬了出来。

第四步：我们沿着街走，及时看到了洞，远远地拐弯绕开了它。

第五步：我们走上了另外一条街。

第六步：出于某种原因，我们又重新走回最初那条街上，刚好摔进了之前的洞里面。这一次，我们为今后写下一个警告：简直是受够了！

本书会让你提前了解到一些"陷阱"，由此你可以建立一条通向成功的捷径。尽管如此，你还是会看到这样或那样的陷阱。因为经验往往只适用于那些有过经历的人。重要的一点就是，要把规则落在笔头上（见本书第45页）。如果我们不将我们的认知记录下来，时不时地读一读，那么我们的大脑就会欺骗我们。这本实践指导书的意义正是在于此。

成功和富裕是你天生的权利。追随你的梦吧，树立你的目标，并且放手去做。请你想一想，没有把计划付诸实践的唯一理由是什么？那就是你身体中的小我战胜了大我。拥有能力吧，变成自己想成为、能够成为的那个人！

你忠实的

博多·舍费尔

赢家热爱生活，完全不受任何束缚。无论做什么，他们都感觉到舒适得体。他们从生活中受到鼓舞，因此很少抱怨。无论晴天还是下雨，任何天气对他们来说都是令人欣喜愉悦的。

他们全身心地去享受生活，因此很少真正感觉到沮丧。他们是享乐主义者，享受当下，并且能够长时间享受一件事情，因为在他们眼中，等待幸福是愚蠢的行为。他们的心思完全投入到了满足当下的事情中。

他们波澜不惊。很少有人能够打破他们内心的平静。驱使他人狂热的事物很少能打动赢家们。他们视生活为一场游戏，他们从不过度焦虑。他们不恋过往，不惧将来，他们活在当下。

如果他们周围的人对其行为进行指责，那么他们会去检验一下，看看那些指责是否客观真实。如果他们认为指责不客观不真实，那么他们会全然忽视其他人的评价。他们的盔甲并不厚重，却不至于千夫所指时不堪一击；他们的盔甲也足够厚重，亦不至于受他人诋毁失去自我。

对于他们来说，自由和独立不言而喻，正是因为这个原因，他们也不遗余力地为他人的独立而努力。他们向人们传播这样的思想，要去自由做决定，不要生活在他人对自己的期望中。

因为他们期待着他人独立，所以他们也为自己捍卫这一观点。因此，有时他们也会冒犯他人。有时候他们喜欢独自一人待着，并且希望自己的隐私得到尊重。

他们也不接受自己依赖其他人。因此对于不了解同赢家共处的人来说，很难去理解他们、爱上他们。他们想要的是自己决定自己的生活，而且他们欣赏并热爱的人也是独立的，而且能够自主做出决定的。即便有人想要依赖赢家，他们也会远远走开。正是独立的个性不允许他们这样行事。

他们内心的力量来自对自己价值观的了解以及对内心声音的倾听。这在很大程度上使得他们独立于其他人的观点。他们不会过多地担心他人是否对其行为和言辞进行指责或赞赏。陌生人对其言谈举止的评论从来就不是赢家的行为指南。

如果赢家受到指责，他们不会垂头丧气，更不会失落到谷底。他们安静地依照自我的价值体系进行评估，然后再做出决定是否进行这样或那样的改变。因为他们从根本上知道，自己从来不会让所有人感到满意。他们知道，自己也会遇到否定意见。他们无意争取自己的生活态度以及观点同其他人完全一致。他们的关注点在于身体力行地去做，而不是去感到惭愧、进行指责。

他们可以做到保持在一个健康的距离内看待自己的担忧，即便自己受到直接影响也亦如此。因此，他们不会轻易感觉到受到影响、受到伤害或者受到威胁。但是事实常常是这样的，一个自我怀疑程度很高的人常常感觉这样的特质非常具有威胁性。因此他们在赢家面前常常感觉不自在。他们批评赢家们，躲开他们，还喜欢在他们身后议论是非。还有那些喜欢说服别人，让人感到内疚，并且按照自我喜好操纵他人的人也不喜欢赢家，因为他们的做法对其没有任何作用。

如果那些小规则毫无意义，那么赢家会完全忽略。同样，他们也会忽视那些毫无意义的闲言碎语。他们不会仅仅因为礼节在这些事情上浪费任何时间。他们宁愿把时间投入对自己的目的和生活中真正重要的事情上，也不愿意把时间浪费在解决其他人的无聊和不满中。

他们是如此的开诚布公，以至于他人有时感觉受到中伤。如果有人问起，他们会对每个人都坦诚地讲出自己对一件事情的看法。如果没有被问起，那么他们会很好地保存自己对事情的看法。他们绝不插手干预。无论如何赢家都坚持这样的信念——批评比奉承要好得多。

在严肃又庄严的场合中，幽默对于赢家来说也具有着重要的意义。因此他们在谈笑风生之间得到了其他人的敬畏。在赢家看来，庄严的场合和条法可以使人们的生活更加愉快美好。他们并不认为是为了遵守条法而遵守法律，也不认为应该为了庄严的场合而看起来很严肃。

雄鹰们以轻松的视角看待事情，不感觉紧张。而且他们对为别人欢呼感到有趣。但是他们从来不以牺牲别人而取乐。他们不嘲笑大众，而是和大众同乐。他们会笑着面对生活中的各个方面。

他们可以将一切视为一场大型游戏。正因如此，他们才能够做到不把自己看得过分重要，并且能够迅速做出决定。他们知道，自己所做的一切都只不过是时空中的一缕微风。他们对待生活的游戏态度也使得他们具有很强的冒险精神。他们知道，如果一个人不去冒任何险，那么他终究会一事无成。

赢家们不去抱怨别人，乐于给出肯定态度。他们有着很强的自我意识，不断发展自己。他们接纳自己，同时也接受那些自己不能够改变以及不想改变的事情。因为他们已经接受了这样的自己，所以他们认为事情是完全自然的。他们不必带着面具，因为他们有勇气做自己。他们坚持做自己，正直做人。正因如此，他们才可以真正地去爱别人。

赢家们能够设身处地为他人着想。即便他人的行为乍看上去复杂而难以理解，他们还是可以理解。他们认为问题是一种挑战，可以使人得到成长。赢家们知道，问题并不出在问题本身，而是看待问题的方式。他们也明白，并非所有人都可以以一种玩笑般的方式去看待问题。

他们对一同共事的人不抱有常人一贯的期待，而是开诚布公地与他们交往。狂热的信仰主义者对他们来说是完全可以理解的，因为他们认为世界并不是一成不变的一幅画面。他们常常改变主意，就好像他们此刻的想法是绝对的一样。

赢家们不拘小节，不因洁癖而束手束脚。这些工作对他们来说只是完成事情有利的手段，而并非目的本身。一丝杂乱能够激发他们的创造力，并且在他们处理事情的过程中为其带来了想象力。他们并不认为必须按照特定的方式来处理事情。

他们不害怕犯错。恐惧对其来说是普遍的，就好像一种药物。丝毫感觉不到害怕的人是令人心生怀疑的。而赢家视恐惧为一种积极的信号，显示出他们即将迈出的下一步并没有太小。他们不会让恐惧抑制住自己前进的脚步。

如果他们犯了错，那么他们会深入挖掘错误背后的教训，使错误不再重新上演。同时他们也不会掩盖自己的愤怒，亦不会停止思考过去的错误进行反思。

赢家追求内心平和，喜欢在户外度过时光。特别吸引他们的就是那些未受到污染、原始性且得到很好保护的地方。他们不喜欢在充满烟雾的房间里同嘈杂的音乐为伴。尽管他们也可以在商业派对或者夜总会中度过美好时光，但是户外活动可以更好地为他们带来活力，为其充电。

他们可以享受一些小东西，比如在露珠上被反射的光线，还有高兴地玩耍着的小狗、海边的日落、高大的树木、雄伟的山峰以及一望无际的大草原。

他们并非自命不凡。一旦他们意识到有时候自己担子太重，他们就会躺在星空下。然后他们会感受到自己只是宇宙的一部分，并意识到自己并不是宇宙的中心。

他们对不可预计的事情表现出崇敬，并且努力从当下中寻求实现的机会。他们每天都会找到无数个充满感激的理由。这是使得他们能够过上富裕而幸福的生活——即使情况不是那么理想的时候也亦然。

在示威游行的人群中，人们不会看到赢家们的身影。他们也不会成为什么烈士。尽管他们渴望为共事的人带去丰富多彩的生活，但是他们更希望用一种有效的方式实现它。他们不需要那些不在场就可以进行的活动，因为他们想要做出真正的改变。他们具有使事情简单易行的能力，而且他们会尽可能快地完成工作。他们是实践者，并不是堂吉诃德似的同风车斗争的勇士。他们乐于见到结果的产生，并且希望仅仅通过结果来衡量事实。

他们投入110%的努力，尽管如此，他们仍然会想方设法拉开与他人必要的差距。他们几乎没有暴躁的脾气，更不会把怒气撒到别人身上或是自己抑制怒气。

同样，他们也不会自惭形秽。他们看起来很少像有的人那样容易患上疾病。倘若他们患了感冒或是其他什么隐疾，他们也不会对其他人说起。他们想要得到认可，不希望获得怜悯。一旦他们感觉不妙也不会到处对人讲。在这种情况下，他们能够自己调整自己的状态。

如果他们真的不慎患了流感，那么他们会把这当成是特殊状况下对身体的一次排练，以便消除体内所有可能的污染物。然后他们会根据身体需要享受安静，并不会同命运进行争吵。他们知道，精神需要定期安静，否则身体会偶尔生病。所以休息是必须的，无论如何都不应得到忽视。

总体来说赢家懂得照顾自己身体，有健康意识。他们定期做运动，不会吃得很多，有很强的自我管理意识。疾病不会找上门来。但是他们一旦生了病，那么他们会在生活中给疾病留出空间。他们想好好生活，并因此过得不错。他们视这为与生俱来的权利。他们充满能量，不浪费不必要的能量。他们宁愿死于过劳也不愿意碌碌无为。他们的能量来自对生活的热爱，以及生活的方方面面。因此，赢家们并不是什么超越常人的存在。

赢家不晓得无聊为何物，因为他们总是追求全力以赴。他们保持旺盛的求知欲，总是抱有好奇心，对什么都感兴趣。每一时刻对他们来说都是一次学习和成长的机会。他们经历的每个场合每个人都给予了他们机会去了解更多。

他们也习惯了去追赶信息的脚步，而不是原地等消息。他们做好了准备去做必要的事情。如果需要，他们就早早起床，或者熬夜很晚才睡觉。如果需要，他们会和很多人进行交流。他们信守承诺，人们可以完全信任他们。比如说他们通常特别准时。他们就像贴在信封上的邮票那样坚守自己的目标。然而，他们并不喜欢无效的方式或是策略。他们可以在不放弃目标的情况下快速改变行动方向。

他们会承担起全部的责任。为了追求自己的目标，有时候他们会以一种不被常人甚至不被自己接受的方式去行事。与此同时他们也会理智地保持一定的距离，不把一切看得过于认真。想理解赢家们并非易事，因为他们有时候异常繁忙于某事，有时候又好像任何事情都不能引起他们的注意。但是赢家生来就不是为了让人理解的。他们留给他人足够空间决定自己的生活，同样也希望别人这样对待他们。

赢家知道，如果用自己的蜡烛点亮他人的蜡烛，并不会损失什么。所以他们想对他人产生积极的影响。但他们总是尊重他人的自由。正因如此，他们不会指责别人什么。他们只是出于帮助给出真诚的提示。他们讨厌愤世嫉俗、带有攻击性的批评者——只是为了激励自己，偶尔才对自己提出适当的批评。

他们创造自己喜欢的环境。而且他们接受自己不能改变的事情。他们付出110%的努力，然后顺其自然。他们有很强的自我价值感，因此，无论事情看起来多么重要，或者多么不重要，他们都不会将事情过度渲染。

他们都很大度，能够让他人保留自己的想法。在他们眼中，不是所有事情都要有统一的看法。同样，他们也不想把自己的胜利建立在他人的痛苦之上。他们寻求的是一种共赢的境地。因为，他们爱着别人，也爱着自己——这才是最重要的。他们希望的是成为自己能够达到的最好状态。他们希望在自己的生活中成为真正的大师。因此他们从来都不会自我怜悯、自我嫉恨，而是接受自己。他们宽恕别人，也同自己和解。

他们不会生活在人类的牢笼中。他们也不是激进的民族主义者，他们不会仅仅通过家庭出身、自己成长居住的城市或者国家，或者是自己的民族来进行自我认定。他们不会以"忠诚"的幌子为了他人的利益来做违反自身价值体系的事情。他们会超越传统的界限，因为他们认为自己是人类。

* * *

这样的描写似乎不能详尽无遗。生命是如此丰富多彩，我们不能将其内容限制在几页纸之中。赢家也不会声称找到了关于智慧的最终结论。他们知道，运动是一切物质存在的根本属性和存在方式。他们也懂得，每一个真理都有不同的一面。

赢家们是有耐心的，并不需要定论或者完整的表述来使自己过得幸福。他们知道任何一种普通的生活方式都有其自己欢乐的所在。他们珍惜每一瞬间，不遗余力地去争取尽可能大的满足。

赢家们充分享受生活。他们按照赢家的法则去生活——也就是自己的法则。因为这些法则会向他们展示生命中最大的喜悦。

我们经历的每一个像赢家那样去生活的瞬间都值得为之而生。如果我们按照赢家的行动变现法则那样去生活，哪怕是一点点，也可以让我们成为赢家。

目 ·· 录

Part 1

舍费尔的私人成功日志

"决定"（Ent-Scheidung）^① 这个词的构词让我们明白了一件事，那就是每一个决定都意味着取舍。

每做出一个决定，我们就会选择一种可能性，也意味着将自己与其他一切可能性分离。更有甚者，我们在做出了一个认真的决定时，甚至会有意识地阻止任何其他的可能性。

因此，我们做出的每个决定都是一次机会，使得我们和其他人与众不同。同样地，也不存在百分之百"安全"的把握，去实现我们心中的愿景。

而且，努力不输的人关注风险和危险；想赢的人则更关注赢的可能性。

赢家不会去抱怨令自己不满意的境况，他们会去经历冒险，因为他们知道，这比接受一个让人失望的决定要好得多。赢家总是以自己的的真正需求为导向做出决定。他们迅速做出决定，并长久地坚持下去，不犹豫，也不朝令夕改。

赢家对此的总结是：

◎ 每个决定都意味着一种放弃。

◎ 改变总是始于取舍，即分离。

◎ 不能够进行抉择的人，其实阻碍了其自身的发展。

---

① 德语前缀 Ent- 有"去掉、舍去"的意思，Scheidung 作为独立名词亦有分开、分解的意思。——译者注

◎ 参与一场游戏，是为了不输掉游戏，还是为了取得胜利？这其中有着很大的差别。

◎ 把成功放在心上的人，离成功更进一步。

◎ 生命短暂，不足以日复一日劳碌于不热爱的事物。

◎ 目标本身是会不断改变的。如果你因为做出决定而迟疑了一段时间，那么目标也会变得遥不可及。

◎ 有任何一项决定都比没有任何决定要好。

◎ 在做出决定的时刻，我决定了自己的命运。

◎ 如果我清楚地知道我的价值之所在，那么我就会轻松地做出决定。

要想赢得辉煌的胜利，必须敢于挑战强大的事物，即使失败，也远比和那些既没有喜悦也没有痛苦的可怜灵魂归类在一起要好得多，这主要是因为这些可怜的人生活在灰暗阴沉的黎明，他们既不知道什么是胜利，也不知道什么是失败。

——西奥多·罗斯福

实践练习

今天我要按照以下步骤训练自己做出决定的能力。

⏰ 每日练习第一项

我要训练自己快速做出决定的能力。我想象自己有一块进行决定的肌肉，每当我快速做出决定，它就会变得强壮。有的人足足盯着菜单看了15分钟，最终还是会选择普通的意大利面。

我决定，今天要在 30 秒钟内决定自己吃什么喝什么，就算有可能碰到不合口味的食物。

今天我要在 30 秒钟内做出每一个小决定。

那么，今天我可能有哪些机会来训练自己的"决定肌肉"？

_____

_____

_____

🕐 每日练习第二项

为了学习聆听自己内心的声音，在做所有的决定时，我都要问问自己：

如果我做出这样的决定，后果会怎样？

我做出这样的决定，是否会给自己以及身边人带来幸福？

只有这样，我们才能学会倾听自己的心声。

_____

_____

_____

🕐 每日练习第三项

我做出的所有决定都是基于我所追随的目标的。我准备好和我不喜欢的东西彻底分离，这样我就有双手去实现我的梦想。我准备写下以下问题的答案：

5 年之后，我会变成怎样的人？

_____

_____

_____

5 年之后，我会拥有什么？

_____

_____

_____

⏰ 每日练习第四项

长久以来，我做出过哪些拖了很久的"艰难"的决定？

_____

_____

_____

为此，我有哪些选择的可能？

_____

_____

_____

我可以同哪些对此有经验的人述说？

_____

_____

_____

我必须做出决定的最后期限是：

_____

_____

_____

把每一种可能都落实在纸面上，再考虑有无可能与经验丰富的人进行探讨。写下一个最后期限，规定自己无论如何都要在这个期限之前做出决定。

> 写下这一步的成功日志 <

今天，我有多大程度上在实践中应用了赢家的"行动变现法则"？在哪些地方我做得特别成功?

_____

_____

_____

　　这一步的学习体会:

_____

_____

_____

_____

_____

_____

_____

_____

_____

_____

_____

_____

第2步

不断学习和成长

KLUW（不断学习和成长）①的生活哲学有助于开阔我们的视野。成长是我们基因密码的一部分，也是我们生活的原则。当某个生命停止生长，不再有所变化，它就会消亡。成长和学习是我们要不断加强的信念，否则我们就必然沉沦在某种行为模式或者单一的生活状态，这样的生活远远不是我们应该达到的水平。

对于赢家来说，不断学习和成长意味着随着年岁的增长，他们越来越削减原来的自己，同时更大程度上成为他们希望成为的那个人。学习和成长是我们生活哲学的一部分。

赢家对此的总结是：

◎ 我们需要真正享受学习和成长。我们学习和成长得越多，我们就会越自由。

◎ 不断地学习和成长是人们的基本需求。如果我们以这种方式去生活，那么我们就拥有更多的能量，以便满足我们的需求。

◎ 那些从事经济方面工作的人，必须要学习和成长，否则他就会变得越来越弱。

◎ 我们所做的一切都使我们离目标更近，或者是越来越远。没有所谓的"中立状态"。为此，我们必须一直问自己："我初心的方向在哪里？"

◎ 我们所做的大大小小的决定，都决定了我们拥有怎样的未来。

---

① 德语为 Konstant Lernen Und Wachsen，即不断学习和成长。——译者注

◎ 如果我们一切顺利，那么我们的世界也会一切顺利的。

◎ 我们越是更多地学习和成长，那么我们就越发渴望去学习和成长。

◎ 赢家很好奇，他们想了解自己可能成为什么样。他们会把表扬和批判化作力量，来不断学习和成长。

有的人因为吃太多而早夭，有的人因为喝太多酒而去世，还有一些人因为终日无所事事、失去生活乐趣而死亡。

——拿破仑·希尔

实践练习

今天，我要采取下列步骤来巩固自己不断地去学习和成长的习惯：

🕐 每日练习第一项

我决心每月至少读两本振奋人心的书。假以时日，我甚至可以每周读一到两本书。

这个月，我打算从下面两本书开始：

1.＿＿＿＿＿＿＿＿＿＿＿＿＿＿＿＿＿＿＿＿＿＿＿＿＿＿＿＿＿＿＿＿

2.＿＿＿＿＿＿＿＿＿＿＿＿＿＿＿＿＿＿＿＿＿＿＿＿＿＿＿＿＿＿＿＿

在未来的每周每月里，我打算从下面的书目中进行选择：

＿＿＿＿＿＿＿＿＿＿＿＿＿＿＿＿＿＿＿＿＿＿＿＿＿＿＿＿＿＿＿＿＿＿＿

＿＿＿＿＿＿＿＿＿＿＿＿＿＿＿＿＿＿＿＿＿＿＿＿＿＿＿＿＿＿＿＿＿＿＿

＿＿＿＿＿＿＿＿＿＿＿＿＿＿＿＿＿＿＿＿＿＿＿＿＿＿＿＿＿＿＿＿＿＿＿

＿＿＿＿＿＿＿＿＿＿＿＿＿＿＿＿＿＿＿＿＿＿＿＿＿＿＿＿＿＿＿＿＿＿＿

🕐 每日练习第二项

我要思考一下，可以参与哪些研讨课，进行针对性的专项学习。

我想在今后参与关于以下主题的研讨课。

_____

_____

_____

_____

🕐 每日练习第三项

除了成功日志以外，我还要记录另外两份日志：一个认知日志，在这里我记录下我所获得的一切错误和教训；还有一个想法日志，在这里我记录下我所有的想法。

认知日志

认知 1：_____

总结：_____

认知 2：_____

总结：_____

想法日志

想法 1：_____

想法 2：_____

🕐 每日练习第四项

请你列出在你生活中，你最希望学习的榜样名单。请你为每一个人建立一张卡片，并且记录下和这个人进行的每一次对话。请你留心，每个月至少同每一个人进行联系。

榜样名单

1.＿＿＿＿＿＿＿＿＿＿＿＿＿＿＿　　2.＿＿＿＿＿＿＿＿＿＿＿＿＿＿＿

3.＿＿＿＿＿＿＿＿＿＿＿＿＿＿＿　　4.＿＿＿＿＿＿＿＿＿＿＿＿＿＿＿

5.＿＿＿＿＿＿＿＿＿＿＿＿＿＿＿　　6.＿＿＿＿＿＿＿＿＿＿＿＿＿＿＿

7.＿＿＿＿＿＿＿＿＿＿＿＿＿＿＿　　8.＿＿＿＿＿＿＿＿＿＿＿＿＿＿＿

9.＿＿＿＿＿＿＿＿＿＿＿＿＿＿＿　　10.＿＿＿＿＿＿＿＿＿＿＿＿＿＿＿

🕐 每日练习第五项

我要把特别想结识的 10 个人写进一份人脉建设名单中，以便向他们学习：

1.＿＿＿＿＿＿＿＿＿＿＿＿＿＿＿　　2.＿＿＿＿＿＿＿＿＿＿＿＿＿＿＿

3.＿＿＿＿＿＿＿＿＿＿＿＿＿＿＿　　4.＿＿＿＿＿＿＿＿＿＿＿＿＿＿＿

5.＿＿＿＿＿＿＿＿＿＿＿＿＿＿＿　　6.＿＿＿＿＿＿＿＿＿＿＿＿＿＿＿

7.＿＿＿＿＿＿＿＿＿＿＿＿＿＿＿　　8.＿＿＿＿＿＿＿＿＿＿＿＿＿＿＿

9.＿＿＿＿＿＿＿＿＿＿＿＿＿＿＿　　10.＿＿＿＿＿＿＿＿＿＿＿＿＿＿＿

请记下你认识的 10 个人的名字，而他们刚好认识你想要认识的那些人（或者认识某些人的那个人）。

🕐 每日练习第六项

我要细化阅读计划，决定每天阅读本书的一个章节。

以下是我未来 14 天的阅读计划：

日期	章节	已读	日期	章节	已读
——	——	☐	——	——	☐
——	——	☐	——	——	☐
——	——	☐	——	——	☐
——	——	☐	——	——	☐
——	——	☐	——	——	☐
——	——	☐	——	——	☐
——	——	☐	——	——	☐

🕐 每日练习第七项

我要思考一下如何能够在生活中的 5 个重大方面提高 1% 的效率：

健康：_____

关系：_____

财经：_____

精神 / 情感：_____

工作 / 生活意义：_____

> 写下这一步的成功日志 <

针对今天的这一步法则，我在现实生活中应用的程度如何？

_____

_____

_____

_____

_____

_____

_____

_____

我从这一步得到的教训：

_____

_____

_____

_____

_____

_____

_____

_____

（如果空间不足，请另外使用单独纸张进行记录。）

第3步

清醒地度过当下这一天

赢家们把每一天看成是一次独特的馈赠来享受。他们尊重和欣赏周围的人，他们将自己身边的人看作是礼物，是奇迹，而这些人也确实是这样的。

赢家们通过专注于构成生命基础的简单事物来获取力量。他们心怀感激，在失意落寞的时候也不气馁，不会失去生活的兴趣。赢家们会充分利用当下这一天。

赢家们对此的总结是：

◎ 我们应该多多思考，自己所遇到的每个人都多么可贵，我们经历的每个时刻多么特别。

◎ 当你有困惑或者困难时，请你问问自己，5 年之后，这些困难还会剩下什么。

◎ 我们不一定要时刻保持忙碌，我们可以偶尔享受当下的状态。

◎ 我们必须一次又一次地停下来，以免随波逐流。

◎ 当下的今日是唯一的一次机会，一去不复返。

◎ 遇到逆境，不要把它看得太认真。不要让任何事情破坏你的好心情。告诉自己，对待最糟糕事情的方式，就是度过美好的一天。把沮丧变成魅力。保持对形势的控制，不要让不利的情况发生。

◎ 把消极的东西太多地放在自己身上，高估了无关紧要的东西，身体健康也跟着受损。

> 幸福的秘诀，就在于能够将每时每刻看作是奇迹，并且心怀感激。

> ——博多·舍费尔

实践练习

我要清醒地度过当下的这一天，并且通过以下步骤充分利用这一天：

🕐 每日练习第一项

今天，我要下意识地去想想那些让我生活变得充实的人们。特别是我要寻找身边这样的人，和他们共度一段时光，就好像好久都不会再见到他们那样。

我今天会想起哪些人？

_____

_____

_____

_____

我今天打算和哪些人度过？

🕐 每日练习第二项

如果我今天思绪凌乱，遇到些麻烦；那么，我要化腐朽为神奇，而不是沮丧、气馁。对待最糟糕事情的方式，就是度过美好的一天。

今天发生了什么，我有着怎样的反应？

（如果空间不足，请另外使用单独纸张进行记录。）

_____

_____

⏰ 每日练习第三项

我要记录下今天让我感激的 25 件事情。正是通过这些事情，我才越发热爱生活，感觉到更加充实。我没有在等待中让时间白白流逝，而是利用休息，让自己想出更多值得感激的细节。这样一来，今天发生的每一次等待都是一份礼物。

1._____ 2._____

3._____ 4._____

5._____ 6._____

7._____ 8._____

9._____ 10._____

11._____ 12._____

13._____ 14._____

15._____ 16._____

17._____ 18._____

19._____ 20._____

21._____ 22._____

23._____ 24._____

25._____

⏰ 每日练习第四项

当下的今天并不在于怎样度过它，而是我在这一天中有哪些作为。现在，我决定，把今天看成是一次机会，并且充分利用这个机会。我要把每一个瞬间看成是一个进步；每一次相遇都是一份礼物；每一分钟都是一次机遇。和怀有爱心之人在一起的每一秒钟，都是一个奇迹。

我要通过当下的这一天做些什么？它给予我哪些机会？

_____

_____

_____

🕐 每日练习第五项

我要在一个安静的地方静坐上 15 分钟，冥想，或者什么都不做。

> 写下这一步的成功日志 <

针对今天的第一步法则，我在现实生活中应用得如何？

对于我来说，极其成功之处在哪里？

_____

_____

_____

_____

我从这一步中得到的教训：

_____

_____

_____

_____

第 4 步
专注于获得收益的活动

我们获得的收入，其实是我们为市场带来的价值。你拥有怎样的价值，是完完全全取决于你自己的。如果你想赚取更多的钱，那么你就需要通过产生更多效益来提高自己在市场中的价值。这当中，最好的途径就是集中精力在所谓的 EPAs[①]，即获得收益的活动中。

当然，并不是每一次都会成功，但是大方向是好的。赢家承认，有万事顺遂的"炎夏"时节，也有诸事不利的"寒冬"之际。这就是为什么他们要学会应付糟糕的季节。冬天不会使他们泄气，因为他们知道冬天不会永远持续下去。

对于每一次成功来说，应用 SINALOA 原则[②]都是极其重要的。这就意味着：你的安全感是建立在数字和平均法则中的。通常情况下，当你经常重复做一件事情而达到一定次数的时候，平均法则就发挥作用了。经营的成功与否并非取决于运气。对于你来说，获得收益的活动就是：你必须一直做下去，因为这样你才拥有成功的保证。

而且，不要害怕犯错。错误是发展的重要基石。从一次的错误中，我们应该有所学习，并且尽量不犯同样的错。

赢家对此的总结是：

◎ 每个人在市场中赚取的金额，正是他的价值所在。你有多少价值，完完

---

① EPA 为德语 die Einkommen Produzierenden Aktivitäten 的缩写。EPAs 泛指各种获得收益的活动。

② Safety In Numbers And Law of Average 的缩写，意为：安全感可以从数字和平均法则中获得。——译者注

全全取决于你自己。

◎ 赢家知道自己有哪些获得收益的活动（EPAs），他们投入尽可能多的时间去从事这些活动。他们信赖属于自己的天地。

◎ 赢家并非把极其棘手的事情做得很好，而是将简单的事情做得极其优秀。

◎ 赢家并不会把"寒冬"说成是自己的错误，他知道，他只是大环境链条中的一部分。

◎ 对于我们的发展来说，错误与成功同等重要。

在工作中，我已经习惯了通过一个人做事情的结果来评价一个人。结果比漂亮的言辞更有说服力。

——W. 克里特曼·斯通

实践练习

今天，我要要求自己完成下列步骤，来提高自己获得收益的活动（EPAs）比例。

🕐 每日练习第一项

我要思考一下，自己昨天的时间是怎样度过的：

_____

_____

_____

我要清楚地知道，如果自己没有有目的地去计划获得收益的活动（EPAs），那么自己不会有任何改变。我要问问自己：我今天要明确地做什么，才能够加强那些决定我收入的方面？

_____

_____

_____

🕐 每日练习第二项

我要知道，自己必须在所在领域一周内或者一个月内进行多少获得收益的活动（EPAs），才能够有所保证？

_____

_____

_____

当我知道了这个数字，我要马上做出决定，用 3 个月时间建立自己的帝国。

在哪一天我要来检查一下，自己的帝国在多大程度上受了自己获得收益的活动（EPAs）的影响？

_____

_____

_____

🕐 每日练习第三项

当我经历了一个"炎夏"，那么我就知道，"寒冬"快要到来了。我现在知道，此时此刻我该去收获丰收。因此，我要付出双倍的努力。我决定，不因"寒冬"的到来而改变自己的目标。

我现在可以把哪些事情做得特别优秀，以便更好地度过下一个"寒冬"？

_____

_____

🕐 每日练习第四项

为了度过"寒冬",我必须做好准备。我决定,每天阅读本书中的一章。另外我还决定,为了提高自己的人格魅力,去参加研讨课。

那么,我会首先报名参加哪些主题的研讨课?

🕐 每日练习第五项

我要记下让我感到钦佩的 5 种人格,写下具有这样人格的 5 个人的名字。我要读关于他们的书,或者私下里结识他们。我要分别记录下,他们是怎样度过失败和个人错误的。

1._____

2._____

3._____

4._____

5._____

> 写下这一步的成功日志 <

针对今天的第四步法则,我在现实生活中进行了多大程度的应用?

对于我来说,极其成功之处在哪里?

_____

_____

_____

_____

_____

我从这一步中得到的教训：

_____

_____

_____

_____

_____

_____

成为更强大的自己

为了让生活变得更好，我们必须首先改善自己。就好比在学校，我们要从一年级开始，升入二年级，然后进入三年级。这其中的道理在于，当我们变得越加优秀，我们玩儿的游戏就越大。

当然，我们并非寄希望于周围环境变得更好，以便让自己更优秀、更成功，而是我们主动把已经拥有的事物做得更好，来让自己变得更好。

改善自我的最有效途径之一就是在自己的事业中成长。那些期望过上更加美好生活的人们，应该尽可能早地开始努力工作。在这个过程中，我们并不能完全成功，我们必须播撒种子，因为我们不能依靠单独的一粒种子。这其中需要我们的耐心——成长是需要时间的。

请你不要让在改善自我的路途中被六大障碍阻挡了去路。这六大障碍是傲慢、愚昧、浮躁、恐惧、自我怀疑和罪责。

赢家对此的总结是：

◎ 我们通过工作造就自我。每一位成功人士都是通过工作成就了现在的自我。

◎ 成功让我们变得更加富有，而失败能让我们成长。

◎ 请你不要将注意力集中在对手上，而是在你自身的工作上。成功的人总是有对手的。

◎ 宇宙会回报一个人的努力，而并非一个人的道歉。

◎ 我们收获自己播下的种子。不管是好的种子还是坏的种子，都将相伴我们终生。

◎ 请你带着正确的态度做对的事情。

◎ 赢家们知道，如果他们将极大的热情投入一份优秀的工作中，那么他们的生活状况会自然得到提高。

◎ 幸福和成功是我们与生俱来的权利。

在我们生命伊始之际，我们每个人都会得到一块大理石和打磨它的必要工具。我们可以穷尽一生对其打磨，我们可以将其加工成鹅卵石，抑或将其塑造成任何漂亮的形状。

——理查·德巴赫

实践练习

由于我想变得更为强大，所以我想通过要求自己做到以下步骤来获得成长：

⏰ 每日练习第一项

我将自己的工作，或者说我的公司视为让自己养成更加成功的人格，以及实现更加美好生活的一种手段。因此我要更加热情、更加努力地去工作。我通过完成我的工作，规划好所有事情，而使得自己有所作为。

那么，我在今天和本周内可以具体做哪些事情，来使我的工作变得更加优秀？

_____

_____

_____

🕐 每日练习第二项

我不要再重复自己的错误，并且要从错误中学到东西。为此，我要开始记录一本"认知日志"。我要把从自己以及他人的错误中学到的一切记录下来。

从昨天以及上一周的错误中，我可以得到哪些认知？

认知日志

认知1：_____

总结：_____

认知2：_____

总结：_____

🕐 每日练习第三项

我要阅读对我的人格成长有益的经典书籍。我要用阅读时间来取代看电视的时间，并且每天至少拿出一小时来阅读经典。

那么，我要在什么时候，从哪本书开始进行我的计划？

_____

_____

_____

🕐 每日练习第四项

我知道，自己将经历一些失望的时刻。在这些情况下，我需要动力。动机来自对未来清晰的设想和自信。长远来看，这样的动机是没有任何其他人能够给予我的。

我要写下这道问题的答案：如果我实现了一个有价值的目标，谁会获利？

_____

_____

_____

_____

🕐 **每日练习第五项**

今天我成功做完了哪五件事情？

我要将这些事情记录在成功日志里面。

1._____

2._____

3._____

4._____

5._____

🕐 **每日练习第六项**

我要再读一遍播种者的五项教诲：

1. 不是所有种子都会生根发芽。我们必须多播种，因为不可能一切都尽如人意。我们不能把所有的希望都寄托在一粒种子上。

2. 不应该把注意力放在对手的身上，而应该专注于自己的工作。任何摧毁对手的人几乎都无法实现自己的目标。你要想到，成功的人都会有对手。这很自然，就像种子总会遇到鸟和荆棘。智慧的播种者只管继续播种。

3. 只有全力以赴地播种，才能享受到丰收的喜悦。奖励总是在工作之后。上帝奖励努力而不是道歉。我们经常看到有人试图改变这种自然法则。但是，长期的幸福不能以这种方式得到。

4. 我们需要耐心。成长需要时间。播种之后的第三天是不可能收获的。光凭劳动还不够，需要有耐心才能获得成果。

5. 种瓜得瓜，种豆得豆。播种的好坏陪伴我们一生。我们必须仔细挑选能生根发芽的种子。

对此，我问自己：

（1）我是否接受并非一切都能导向成功？

（2）我有没有因"否定"我的对手而忽视了我自己的目标？

（3）我是否尽了最大努力？

（4）我是否有耐心？

（5）我是否播撒了自己希望收获的种子？

🕐 每日练习第七项

目前，我是否做了正确的事情？我是否带着正确的态度去做的？或者我有什么地方必须加以改正？

_____

_____

_____

🕐 每日练习第八项

一个客观的观察者对于我处理成功路上的六大障碍会有怎样的评价？他会在1—10分的刻度表上给我打怎样的分数？（1= 没有问题；10= 大问题）

1. 傲慢
```
|————————————————|————————————————|
1                5                10
```

2. 愚昧
```
|————————————————|————————————————|
1                5                10
```

3. 浮躁
```
|————————————————|————————————————|
1                5                10
```

4. 恐惧
```
|————————————————|————————————————|
1                5                10
```

5. 自我怀疑

1   5   10

6. 罪责

1   5   10

> 写下这一步的成功日志 <

针对今天的第五步法则，我在现实生活中进行了多大程度的应用？

对于我来说，极其成功之处在哪里？

_____

_____

_____

_____

_____

_____

    我从这一步中得到的教训：

_____

_____

_____

_____

_____

_____

放手去做

　　这世界上一切对我们来说有价值的事物，都是由人类——那些放手去做的人们——建立或者完成的。赢家知道，没有什么比身体力行地去做，更具有决定性意义。如果我们不去实践，不在现实中进行应用，那么赢家的所有法则都是无意义的。

　　许多人知道自己希望拥有什么，但是他们不明白自己是谁，自己想做什么。很多人通过开始去做并且变得积极，而且找寻到了自我，最终靠自己解决了问题。

　　世界上并没有完美的途径，也没有什么完美的时机，人类无法创造完美。这就是为什么赢家总是以最快的速度采取行动。

　　因此，赢家所崇尚的是 SSWIM 法则①。

赢家对此的总结是：

◎ 赢家最大的天赋在于有激励自己行动起来的能力。

◎ 最佳的行动时刻就是现在。

◎ 不完美的开始，比等待完美要好得多。

◎ 只有在我们开始去做的时候，我们才能够学到必要的事情。最好的"准备"，就是立即开始行动。

◎ 声誉源于脚踏实地的实践。

---

① 德语 "so schnell wie irgend möglich" 的缩略，意为：尽可能快地放手去做。——译者注

◎ 一个人能够推进的事情，并不是如何去做事情的智慧，而是为什么去做这件事的智慧。那些清楚知晓自己为什么要做什么事的人，总会找到如何去做的途径。

◎ 请你问一下自己：我有哪些梦想希望能实现？为什么它们对我来说如此重要？找一找自己动力的源泉，找到能给予你前进动力的东西，并有意识地运用它。

我把那些本可以做出更好成绩却没有做得更好的人称为笨人。

——苏格拉底

实践练习

今天，我通过以下步骤来训练我最重要的行动能力：

🕐 每日练习第一项

我要记录摆在我面前所有被我拖延的待办事项，并且思考一下，我今天应该完成哪些事情：

今日完成

_____ ☐

_____ ☐

_____ ☐

_____ ☐

_____ ☐

_____ ☐

🕐 每日练习第二项

如果至今尚未开始，那么从今天起我要开始建立我的梦想相册，在这里，我将粘贴象征我梦想的图片。我要为生活中五大重要方面（健康、关系、财经、情感、工作）制订目标，而且这些目标都以图片的形式出现在我的梦想相册中保存下来。

我对于生活中五大方面定下的目标：

健康：_____

_____

关系：_____

_____

财经：_____

_____

情感：_____

_____

工作：_____

_____

🕐 每日练习第三项

我准备一本日记本，用来完成这本书中所有的书面练习。这样我就不会遗漏任何内容，并且能够发现自己的进步。

_____

_____

_____

_____

⏰ 每日练习第四项

我要问问自己：我是否会因为觉得时机不合适而拖延去做一件事？这是不是只是一个借口呢？这有没有可能是个借口？

借　口？

_____ ☐

_____ ☐

_____ ☐

_____ ☐

_____ ☐

_____ ☐

> 写下这一步的成功日志 <

针对今天的第六步法则，我在现实生活中进行了多大程度的应用？
对于我来说，极其成功之处在哪里？

_____

_____

我从这一步中得到的教训：

_____

_____

第7步

正确处理压力

压力看起来似乎是普罗大众皆有的苦恼。现如今，几乎每个人都有被压力笼罩的时刻。没有谁的生活是不存在压力的。因此，我们要学习如何正确地去处理压力。那些越经常倾听自己内心的人，压力来临时就越容易感觉消极。而且，越在意无关紧要的小事，越容易觉得自己力不从心。想要躲避压力的人往往适得其反，会越来越容易陷入紧张之中。

为了将这种压力转换为积极的力量，我们必须控制自己的思想。而正是当我们精神完全集中并且专注而谨慎的时候，我们才能够控制自己的想法。

我们应该投入自己所有的精力和力量。这种集中精力的方法是可以学习的。尽管没有人能够每时每刻都集中精力，但是赢家可以锻炼自己集中的能力，并不断进步。

赢家对此的总结是：

◎ 只要加以正确的应用，不脱离控制，压力可以是健康而积极的力量。

◎ 压力并非来源于工作本身，而是来源于我们处理它的方式。

◎ 让自己不受压力困扰的秘密在于，在一件事情上专注精力。请你不要同一时间做两三件甚至更多事情。

◎ 请你将你的能量和力气放在眼前的事情上。

◎ 请你投入实践在生命中基本的方面。请你为每一周、每一天做计划。

◎ 请你为自己的成功而感到愉悦。

◎ 请你享受自己所做的一切事情。

◎ 那些能微笑的是，是世界的王者。

◎ 请你享受轻松。

平静和安宁是我们生活的常态。只有思想才像蚱蜢一样从一个想法跳跃到另一个想法。可以去控制思想，而不是被它统治。

——博多·舍费尔

实践练习

今天我要通过要求自己完成下面的练习，提升自己处理压力的能力：

🕐 每日练习第一项

压力大的人，有两个信号显示，一是他们的肩膀要比自然松弛状态下高出5厘米，二是下颌紧闭。比方说，当电话铃响时，我把它作为一个信号来提醒我注意我的肩膀和下巴。如果察觉到任何紧张情绪，我会立即缓缓深呼吸并放松肩膀和下颌，保持自然松弛状态。我要重复好几次这系列动作。

请你记录下做这项练习时所观察到的事情。你在练习之前和之后有哪些感觉？

_____

_____

_____

_____

_____

🕐 每日练习第二项

今天，我会在用餐的时候只集中精力在食物上。我会点燃一根蜡烛，并且在桌子上摆一束鲜花。我会找来轻音乐，放空自己。我要真正地享受每一次正餐。

每一餐我要做哪些相应的安排？

我还能做些什么让自己感觉到舒适？

🕐 每日练习第三项

今天，我将集中精力关注我的谈话对象。我会倾听他们说了什么，用怎样的方式说的。我将尝试着读出他们的面部表情。我要完全理解我的谈话对象。

那么今天，有哪些谈话对象对我集中精力来说是极其重要的？

我能够从我今天的谈话对象脸上读到什么？

我是否完全理解了他们？

⏰ 每日练习第四项

我要从处理压力的 24 条规则（见本书第 225 页）清单中找出那些特别使我放松和平静的。我要把它们挂在视线所及的明显之处。如果我今天感觉到了压力，那么我就马上看一下这份清单。

对我来说应对压力的最重要的规则：

_____

_____

_____

_____

_____

_____

_____

⏰ 每日练习第五项

我要安静地坐 15 分钟，舒舒服服地坐着，什么也不干。

那么，我要在什么时候进行这样的一刻钟？

_____

_____

_____

_____

_____

> 写下这一步的成功日志 <

针对今天的第七步法则，我在现实生活中进行了多大程度的运用？

对于我来说，极其成功之处在哪里？

_____

_____

_____

_____

我从这一步中得到的教训：

_____

_____

_____

_____

_____

第8步

学会克服困难

对于我们所有人来说，坚忍不拔是最重要的法则之一。从某种方面可以说是最重要的法则：其他所有错误你都是可以改正的。但是如果你放弃了，那极可能就错过了一切。因此，每个人都应该披上一层厚厚的盔甲——更强的意志力和更大的挫折容忍度——来使自己坦然面对极大的沮丧。

并不是错误让我们止步不前，而是大多数时候，我们面对困难的态度限制了我们的发展。对于赢家来说，困难就像课程。赢家发现每个阶段都有不同层级的困难，他们期待着在更高层次上解决问题。克服这些困难表明他们已经成长。不仅如此，他们还有意识地迎接新的挑战与困难。对他们来说，这是加速学习和成长的过程。

赢家对此的总结是：

◎ 那些轻言放弃的人终究会失败。

◎ 任何放弃梦想的人，都很可能永远不会开始梦想。谁停止了梦想，就停止了生活。

◎ 生活就像是一段阶梯。每一阶段都有自身的困难。不去克服这一阶段的困难，我们就会止步不前，无法登上下一级阶梯。

◎ 挫折无处不在，你无法改变其他人，也改变不了自然法则。你唯一能够改变的是你自己，以及你受困难影响的程度。

◎ 每一声"不"以及每一次挑战，要么给你一个放弃的借口，要么给你提供一个学习和继续前进的机会。

◎ 你越是积极，越是向前行进，那么你必须接受的挑战程度就越大。

◎ 我们没有学到的教训，会一直伴随我们，如影随形。

◎ 每当我们遇到这样的教训，那么会有两件事情发生：要么我们放弃，要么我们变得更加强大。

◎ 当你遇到一个新的困难时，意味着你已经取得了进步。你已经拥有了更高的素质和能力，进入一个更高的层次。

◎ 赢家的箴言是："根据我们解决的每一个问题，我们寻找着新的、更大的问题。"

请你永远，永远，永远，永远不要放弃。

——温斯顿·丘吉尔爵士

实践练习

我今天要通过下面的步骤提升自己应对压力的能力：

🕐 每日练习第一项

今天我无论如何都不会放弃。我知道，放弃的形式有很多。我今天要将计划的一切事情都付诸实践。

我知道自己有哪些形式上的放弃？

_____

_____

_____

_____

我今天要将哪些事情全部付诸实践？

_____

_____

_____

🕐 每日练习第二项

我要思考一下我对困难的态度，并且决定：我要自己做出决定，如何处理困难。也许第一反应中，困难并不受欢迎。但是经过二次考虑，我明白了，挑战是我生命中的原材料，正是使用了这些材料，我才能够搭建属于我自己的阶梯。

我最近一次遇到过什么困难？我是怎样将它利用成阶梯的？

_____

_____

_____

🕐 每日练习第三项

我要向一位拥有类似困难处境并且成功掌控困难的赢家尽可能快地交谈，并且向他询问建议。

我目前有哪些困难？

_____

_____

_____

我怎样才能寻求建议？

_____

_____

_____

⏰ 每日练习第四项

我要写下我已经克服了的困难。因此我对未来充满信心。

第一方面：＿＿＿＿＿＿＿＿＿＿＿＿＿＿＿＿＿＿＿＿＿＿＿

＿＿＿＿＿＿＿＿＿＿＿＿＿＿＿＿＿＿＿＿＿＿＿＿＿＿＿＿＿

第二方面：＿＿＿＿＿＿＿＿＿＿＿＿＿＿＿＿＿＿＿＿＿＿＿

＿＿＿＿＿＿＿＿＿＿＿＿＿＿＿＿＿＿＿＿＿＿＿＿＿＿＿＿＿

第三方面：＿＿＿＿＿＿＿＿＿＿＿＿＿＿＿＿＿＿＿＿＿＿＿

＿＿＿＿＿＿＿＿＿＿＿＿＿＿＿＿＿＿＿＿＿＿＿＿＿＿＿＿＿

第四方面：＿＿＿＿＿＿＿＿＿＿＿＿＿＿＿＿＿＿＿＿＿＿＿

＿＿＿＿＿＿＿＿＿＿＿＿＿＿＿＿＿＿＿＿＿＿＿＿＿＿＿＿＿

第五方面：＿＿＿＿＿＿＿＿＿＿＿＿＿＿＿＿＿＿＿＿＿＿＿

＿＿＿＿＿＿＿＿＿＿＿＿＿＿＿＿＿＿＿＿＿＿＿＿＿＿＿＿＿

第六方面：＿＿＿＿＿＿＿＿＿＿＿＿＿＿＿＿＿＿＿＿＿＿＿

＿＿＿＿＿＿＿＿＿＿＿＿＿＿＿＿＿＿＿＿＿＿＿＿＿＿＿＿＿

第七方面：＿＿＿＿＿＿＿＿＿＿＿＿＿＿＿＿＿＿＿＿＿＿＿

＿＿＿＿＿＿＿＿＿＿＿＿＿＿＿＿＿＿＿＿＿＿＿＿＿＿＿＿＿

第八方面：＿＿＿＿＿＿＿＿＿＿＿＿＿＿＿＿＿＿＿＿＿＿＿

＿＿＿＿＿＿＿＿＿＿＿＿＿＿＿＿＿＿＿＿＿＿＿＿＿＿＿＿＿

第九方面：＿＿＿＿＿＿＿＿＿＿＿＿＿＿＿＿＿＿＿＿＿＿＿

＿＿＿＿＿＿＿＿＿＿＿＿＿＿＿＿＿＿＿＿＿＿＿＿＿＿＿＿＿

目前我面临哪些困难？我可以怎样做来克服这些困难？

＿＿＿＿＿＿＿＿＿＿＿＿＿＿＿＿＿＿＿＿＿＿＿＿＿＿＿＿＿

＿＿＿＿＿＿＿＿＿＿＿＿＿＿＿＿＿＿＿＿＿＿＿＿＿＿＿＿＿

＿＿＿＿＿＿＿＿＿＿＿＿＿＿＿＿＿＿＿＿＿＿＿＿＿＿＿＿＿

⏰ 每日练习第五项

　　我要建立一本日志，里面写下我生活中经历的重要教训。我要从这些错误和困难中学习。

_____

_____

_____

_____

_____

> 写下这一步的成功日志 <

　　针对今天的第八步法则，我在现实生活中进行了多大程度的运用？

　　对于我来说，极其成功之处在哪里？

_____

_____

_____

_____

　　我从这一步中得到的教训：

_____

_____

_____

_____

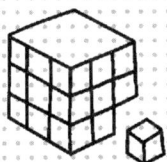

不做无用功

许多人并没有接受一项已经得到证实的经验并且学着去掌握它，而是尝试着标新立异"重新发明轮子"，做无用功。

我们应该接受经过了检验的经验。我们只有充分利用其他成功人士已有的经验和认识，才能够真正取得成功——这也是独立完成一项杰作的基础。请你在自己能做到的最好的方面集中精力。专业领域内的事情，应当委托给专业人士来完成。赢家在此遵循的也是"不做无用功"的原则。

赢家对此的总结是：

◎ 请你接受已经得到证实的事物。

◎ 获得从事一项活动的手工工具是基本的战略，没有替代品。

◎ 对于已经得到证实的事情加以反复练习，更容易成就大师。只有练习做正确的事情，熟练才有意义。对于自身的修炼仅需要从坚持开始。

◎ 那些认为自己无所不知无所不晓的人往往不会提问题，也就失去了继续学习、继续成长、继续发展的可能。

◎ 我们的思考方式赐予了我们今天所拥有的东西。以同样的方式思考并不会使我们成为自己希望的样子。

◎ 赢家花钱买更多的时间，因为时间是更加有价值的财富。

◎ 在别人的成功基础之上建造新的成就，这是智慧的标志之一。站在巨人的肩膀之上，我们可以看得更远。

◎ 我们学习最快的渠道就是模仿。

你的思考方式造就了你的今天和昨天。同样的思考方式并不会为你带来想要的东西。向前走吧，当你两手空空再走回来。只有这样我才能传授给你一些东西。

—— 一位智慧的大师

实践练习

我今天要通过下面的步骤来将成功人士的策略应用在我自己的行业中：

⏱ 每日练习第一项

我要了解到有哪些基本的专业技能是我所在的领域所必需的。我在多大程度上掌握了这些技能呢？我要建立一个书面的关于我缺少的专业技能的行动计划。对此，我要同在我的领域中取得重大成就的人进行讨论。

在我的领域中有哪些基本的专业技能？

_____

_____

_____

_____

关于我缺少的专业技能的行动计划：

_____

_____

_____

_____

我可以和谁讨论我的行动计划？

_____

_____

_____

⏰ 每日练习第二项

我要审视一下，看看生活中的某些领域是不是处于起步阶段。那么不断地成长就将成为我对自己的要求。我会立即竭尽全力再次学习。

_____

_____

⏰ 每日练习第三项

遇到问题时我会问自己，有哪些人已经做好准备应对类似的问题。我会向这样的人寻求建议。

有哪些问题亟待我解决？

_____

_____

_____

我可以向哪些人寻求建议？

_____

_____

_____

⏰ 每日练习第四项

我想知道我今天是否想要做什么事情，而这些事情对于我来说要么要求过高，要么要求过低。我允许自己今天向专家们求助。

对于我来说，有哪些事情是要求过高的？

_____

_____

对于我来说，有哪些事情是要求过低的？

_____

_____

我可以接受哪些专家对我的帮助？

_____

_____

＞写下这一步的成功日志＜

针对今天的第九步法则，我在现实生活中进行了多大程度的应用？

对于我来说，极其成功之处在哪里？

_____

_____

_____

我从这一步中得到的教训：

_____

_____

_____

发挥动能

动能就好比谚语中常常说到的滚雪球，越滚越大变成雪山。制作一个雪球，将它放在某条路径上，使之从山上滚下来，这些都是需要花费时间和精力的。但是，一旦它滚动起来，就会一直持续地不断变大，然后将碾过一切阻碍它前进的人和东西。而且，它滚动得不费力气。

赢家工作起来也一样，会开足马力。他们深知，一项新工作刚开始时通常很难，因为它是未知的。在这种情况下，任何一个小问题都可以成为阻碍。需要立即发挥动能，越快越好。

事实上，你投入到生意或职业生涯中的所有时间，都有助于你发挥动能。建立一家有价值的企业，需要许多时间和努力。企业一旦开始运行，就没有人能够阻止它的前进——除了你自己。

赢家对此的总结是：

◎ 没有动能，一件小事就能使公司瘫痪。拥有了动能，一切运行自如，阻碍也不是什么问题。

◎ 行动的人等待他们的是成功。而"尝试"一件事的人却等待着意外发生。

◎ 一半的努力并不能带来一半的成功，它其实什么都带不来。

◎ 请你将你的动能更加集中在单一的每件事上。动能总是能产生结果的。

◎ 那些一旦一次走上正轨的人，能够很容易地继续保持行动下去。保持其行动状态的正是动能。

◎ 赢家不会什么也不做地去等待一个完美的策略，因为他们晓得，这样的完美策略是通过动能自身发展而得来的。

◎ 动能始于自律。对抗坏习惯的"斗争"不会永远持续下去。只有在短暂的过渡时期才需要大量的自律，直到你养成了新的习惯。无论觉得有多困难，如果你连续三至六周期用自律要求自己这样做，那么你就养成了一种新的习惯。

◎ 如果你一次发挥了动能，之后你只需要坚持下去。相较于为之付出的努力，它的回馈要多得多。

发挥动能是解决问题和处理困境的唯一一条有意义的道路。如果我们全力以赴，那么我们就不会在遇到困难或者新的不熟悉的情况时束手无策。

—— 博多·舍费尔

实践练习

我今天要通过下面的步骤来发挥自己的动能：

🕐 每日练习第一项

我要清醒地做出这个决定，我要投入全部的努力去工作，直到我获得了动能的状态。我明白，这是经济而又理性的。车子推起来往前走就会轻松很多。那么为了获得动能，我下一步将做些什么？

_____

_____

_____

⏰ 每日练习第二项

今天我要严格要求自己。因为我知道自律是发挥动能的钥匙。

今天我要做的哪些事情需要我严格要求自己呢?

_____

_____

_____

⏰ 每日练习第三项

今天我不会特别关注事情的结果。因为我知道,如果我发挥了足够的动能,结果会自然显现出来。我并不去等待更好的状态,因为我知道,是动能本身造就了更好的状态。

从哪些方面我可以去发挥动能,而不是坐等结果的发生?

_____

_____

_____

⏰ 每日练习第四项

我要列出一个名单来记录我已经发挥动能的领域。动能服务于我,却也可能会和我背道而驰。我要写下来在工作之外,我想在哪些领域发挥动能:运动、饮食习惯、家庭生活、阅读、打理理财……

在哪些方面我已经建立了积极的正向动能?

_____

_____

_____

又有哪些习惯与其说是支持我，不如说其实并无益于我的？

_____

_____

_____

有哪些工作之外的领域让我同样想发挥动能？

_____

_____

_____

> 写下这一步的成功日志 <

针对今天的第十步法则，我在现实生活中进行了多大程度的应用？

对于我来说，极其成功之处在哪里？

_____

_____

_____

_____

我从这一步中得到的教训：

_____

_____

_____

_____

第11步

敢于梦想并实现梦想

你正在处于的状态是次要的。唯一起到决定性的问题是：你未来想成为谁？你希望未来是怎样的？请你永远都不要认为生活是"过去的"。因为如果你不去争取自己的梦想，那么没有人会为你这么做。

赢家总是每隔一段时间就停下来问自己：我是在体验我的梦想还是在畏惧不前？他们知道，他们是自己生活的设计师，可以创造梦想中的未来。他们为自己规划与自己匹配的生活蓝图。赢家懂得，人的一生太短暂，不能碌碌无为。

赢家对此的总结是：

◎ 对于一个崭新的开始来说，从来就没有所谓的"最佳时机"。每次你推迟做一件事情时，实际上就更加远离了目标一步。

◎ 请你清楚地知道，灾难往往也暗藏着未来的一次机遇。

◎ 你可以拥有梦想，可以成为你想成为的人，你有权发现自己的生活梦想并去努力实现它。

◎ 你有权利满怀热情地生活——过去不等同于未来。你可以在任何时候开始一个崭新的未来。

◎ 请你将以前某些时候埋藏起来的梦想挖掘出来。你要相信自己有足够的力量来改变自己的生活现状。

◎ 我们的梦想和目标会像磁铁那样，为了满足我们能够吸引任何人，任何事来到我们身边。

◎ 越是为梦想而活,我们就越强大。

◎ 人生短暂,岂能虚度?

大多数人不肯相信自己已经拥有了让梦想成真的素质,因此他们试着满足于与自己不相配的东西。

—— 诺曼·文森特·皮尔

实践练习

我今天要通过下面的步骤,花更大力气规划自己的未来:

🕐 每日练习第一项

今天我要抽出一些时间停下来休息。我要好好坐下来,或者按照平时一半的步速散步。我要寻找宁静,倾听内心深处的声音。

今天什么时候是停下来休息的最佳时刻?

_____

_____

_____

我的内心深处有哪些声音?

_____

_____

_____

⏰ 每日练习第二项

我要思考一下，在我生命过去的 7 年中发生了哪些事情？

我有哪些新的认识？我做了多少事情？取得了哪些收获？认识了多少新的朋友？我的人格有怎样的发展？我经历了哪些事情？我要清楚地思考，自己在未来的 7 年中要取得同样多的收获。

_____

_____

_____

⏰ 每日练习第三项

我要扪心自问，如果我真正可以进行选择，我会更喜欢做什么事情，成为怎么的人？我有哪些梦想？我要写下自己的想法。

_____

_____

_____

在未来的 7 年中，我想变成谁？我会做什么事情？如果我扪心自问，自己真正喜欢做什么事情，有哪些事情顺应自己的天赋，也许对我有所帮助。

_____

_____

_____

⏰ 每日练习第四项

在我的生活中发生过哪些灾难——这其中什么事情对我的未来来讲是一次良机？

_____

_____

_____

⏰ 每日练习第五项

　　我明白自己拥有真正的选择。我随时可以创造与自己明天相配的生活。我是生活的设计师。我拥有追求幸福的勇气。

> 写下这一步的成功日志 <

　　针对今天的第十一步法则，我在现实生活中进行了多大程度的应用？

　　对于我来说，极其成功之处在哪里？

_____

_____

_____

_____

　　我从这一步中得到的教训：

_____

_____

_____

_____

注意身体

健康并不仅仅是没有疾病。健康的内容却要比没有生病丰富得多。健康意味着生机勃勃、精力旺盛、注重生活质量，以及拥有生活情趣。

赢家懂得，他们的健康状况是决定他们工作能力的关键因素之一。如果我们卧病在床的话，就很难实现想征服世界的愿望。在健康这件事上，这就意味着你不得不为避免损失而斗争。

人的健康很大程度上影响着他的自我感受、积极程度、精神活力，也影响着他有多大的能力和个人魅力。

因此，我们应该关注自己的健康，并且注意我们的饮食，外加多多进行长时间的运动锻炼。如果我们具有健康的状态，那么取得成功就轻松许多。如果我们不关注自己的身体，那么我们该怎样生存呢？

赢家对此的总结是：

◎ 赢家们知道，自己的健康远远高于一切，也影响着自身的效率。

◎ 我们需要的是一个平衡的、理性的生活方式。

◎ 世上不存在所谓的"好的"或者"坏的"饮食。请倾听自己身体的声音，让它告诉你，身体需要的是什么。

◎ 请你慢饮少食，安静进食。

◎ 请你在吃饭的时候集中精力，享受其中。

◎ 民以食为天。请你注意，尽可能做到进食食材是自然的、完整而无缺陷的食物。

◎ 请你每天喝 2—3 升水，养成喝水的好习惯。

◎ 请进行适当锻炼。如果你有规律地进行体育锻炼，就可以显著提高自己的注意力。

◎ 请让自己定期休息。

◎ 请你永远不要用短期策略解决长期问题。

如果我们忽视了一些重要的事情，那么这些事情总会在什么时候变成紧急的突发事件——这条基本法则同样适用于我们的身体。

—— 博多·舍费尔

实践练习

我今天要通过下面的步骤，关注我的身体：

🕐 每日练习第一项

今天我要更加注意饮食。也就是说，我要比平时吃得更少量且更慢。我要注意自己所选择的食物，花更长时间咀嚼得更加彻底。今天我要吃更多的水果和沙拉。如果我饿了想吃零食，那么我就买上坚果和水果。

今天我要吃些什么？

早餐：＿＿＿＿＿＿＿＿＿＿＿＿＿＿＿＿＿＿＿＿＿＿＿＿＿＿＿＿＿＿

＿＿＿＿＿＿＿＿＿＿＿＿＿＿＿＿＿＿＿＿＿＿＿＿＿＿＿＿＿＿＿＿＿＿

午餐：＿＿＿＿＿＿＿＿＿＿＿＿＿＿＿＿＿＿＿＿＿＿＿＿＿＿＿＿＿＿

小食：_____

为了实行我的计划，我还需要买些什么？

_____

_____

我可以做些什么来使计划更加容易实行？

_____

_____

🕐 每日练习第二项

今天我要喝几杯清水。特别是餐前饮水可以防止我摄入过多量的食物。我能够做些什么来储水，以保证自己随时可以摄入足够的水？

_____

_____

_____

🕐 每日练习第三项

我要进行至少 35 分钟的运动锻炼。如果我去慢跑，那么我要保证不能进行超负荷运动。要是我感觉到劳累，我就走一小段路休息。我不需要向任何人证明什么。我只是享受慢跑的过程。

本周我的运动计划：

_____

_____

_____

⏰ 每日练习第四项

今天，我工作最多 90 分钟就停下来一次，进行休息，而且在这期间要活动活动身体。我要在清新的空气中走 5 分钟的路，或者进行几项保健操的练习。如果我感觉劳累，就停止运动，躺下来几分钟让我的身体进行"恢复"。这样，我就会拥有更多的能量，也可以更好地集中精神。总的来说，这样我的效率就提高了。

通过观察休息之后的保健操练习，我有何感受？

有哪些事情发生了改变？

_____

_____

⏰ 每日练习第五项

我要为未来的两年规划我的假期（每年至少 14 天）。

_____

_____

⏰ 每日练习第六项

我要预约一位优秀的医生来好好检查一下身体。

从哪里我能得到一位好医生的地址（如果我还没有好的医生）？我可以向谁询问？

_____

_____

我想和医生预约哪天检查身体？

_____

_____

🕐 **每日练习第七项**

从 1 到 100，我目前的能量水平位于哪个水平？

（0= 死亡，25= 平均水平，80= 专业运动员水平，100= 顶尖水平）

```
├────────┼──────────────────────┼────┤
1       25                     80   100
```

为了提高我的能量和活力，我要认真做一个计划（比方说每 1—3 个月提升 1%）。

　　在_____(日期) 那一天，我的能量指数要达到_____%。

　　在_____(日期) 那一天，我的能量指数要达到_____%。

　　在_____(日期) 那一天，我的能量指数要达到_____%。

　　在_____(日期) 那一天，我的能量指数要达到_____%。

＞写下这一步的成功日志 ＜

针对今天的第十二步法则，我在现实生活中进行了多大程度的应用？

对我来说，极其成功之处在哪里？

_____

_____

_____

我从这一步中得到的教训：

_____

_____

_____

第13步

不要因为被拒绝而气馁

世界上没有什么事可以取悦所有人。

赢家知道如何面对拒绝。他知道，世上有三种人：第一种拒绝你；第二种犹豫不决，没办法采取行动；第三种接受你、你的计划和你的想法。而且每种想法、计划都要经历三个阶段，这与想法、计划本身并没有直接的联系。这三个阶段是：嘲讽、批评、认同。每个人都必然会经历这三个阶段，也会遇见这三类人。正确的做法是不因批评而气馁，在困境中成长。

坦然面对具有建设性意义的批评意见，并且扪心自问进行反思，从中学习。不破不立，在批评中成长，而不是被它打击。

赢家对此的总结是：

◎ 赢家经过训练有这样一种能力，那就是不把无理的批评放在心上。他们认识到，冷嘲热讽的人、持反对意见的人会一直存在。永远无法让所有人都满意。

◎ 是我们自己决定了会受到哪些人、什么事情影响。

◎ 根据平均法则，任何一件事物都总会有足够多的人喜欢它。

◎ 只有一个办法能够完全避免批评：一无是处，无所事事。

◎ 我们的生活不应该被那些吹毛求疵的人牵着走，特别是那些通过让他人感觉不舒服而转移自己痛苦的人。

◎ 是否受批评的干扰，取决于我们自己。

◎ 要将注意力更多地集中在那些能接受你的想法的人身上。

◎ 赢家更乐于谈论做自己格外成功的事情，并将这种成功延续下去。

离开一座房子时，要倒干净鞋子里的沙子。

—— 一则老谚语

实践练习

我今天要通过下面的步骤，来训练自己恰当地对待受到的拒绝：

🕐 每日练习第一项

今天，我要把每一项成功通过手写记录下来。我不光要问自己有哪里做得好，还要思考一下自己为什么做得好。

今天我有哪些成功？

_____

_____

_____

为什么自己能够做得很好？

_____

_____

_____

我要把这些笔记记录在我的成功日志上。

注意：请你务必要准备一份成功日志。这样会提升你的成绩——同时会提高你处理批评意见的能力。

🕐 每日练习第二项

面对每次拒绝，我就像倒掉沙子一样忘掉。我明白，总有一些人拒绝着我在做的事情。我接受这个事实。我并不把这当成针对我个人的行为。

我的朋友、同事、家人等，分别属于下面哪组的人？

拒绝的人？

_____

_____

这一切是不是我可以决定的，还是我无能为力的？

_____

_____

接受我的项目或者想法？

_____

_____

积极地支持我并且帮助我吗？

_____

_____

🕐 每日练习第三项

我知道我并不能改变人性。我只关注我能够控制的事情：我要提升自己的素质，改变自己的工作态度。

我具体可以怎样做来提升自己的素质，改变自己的工作态度？

_____

_____

_____

_____

⏰ 每日练习第四项

今天我要有目的地同那些积极行事并且取得成功的人进行谈话。只要有人今天谈起消极的经历，我就走开。同样，我今天也只谈论一些积极的事情。我明白，谈论负面消极的事情，就好像把肥料浇在杂草上一样，是徒劳的。

今天我要同谁谈话？

_____

_____

_____

_____

> 写下这一步的成功日志 <

针对今天的第十三步法则，我在现实生活中进行了多大程度的应用？

对我来说，极其成功之处在哪里？

_____

_____

_____

_____

我从这一步中得到的教训：

_____

_____

_____

_____

第 14 步
拿出 110% 的努力

实际上，我们的能力远远超过目前的状况。你必须做好拿出 110% 努力的准备，这样你才可以真正了解自己能够达到怎样的优秀水平。你要养成习惯去尽最大的努力。请你总是拿出超过别人期许的水平来。

110% 战略是一种生活的艺术，一种生活习惯，并非是一次性的结果。这是一种处世哲学。那些没有付出 110% 努力的人们会错失很多。我们的世界为成功者提供的一切奖励以及所有美好的事物都来自那额外的 10% 的努力。

赢家对此的总结是：

◎ 那些愿意付出 110% 努力的人在各自行业中都是顶尖人物。

◎ 额外的 10% 的努力，是区分中等水平和重大成就的决定性因素，也在生存底线和富裕之间画了一道界线。

◎ 从额外的 10% 付出中，人们可以得到比期待高出许多的回报。通过这样的努力，你可以很快获得超过 100% 的结果，而且往往是 1000% 甚至10000%。

◎ 只有付出了 110%，我们才能够真正变得更加优秀。

◎ 对于愿意并且享受付出 110% 努力的人们来说，他们的信条是："如果我不能做到，那么我必须……"

◎ 各个时代的性格研究人员一直认为，我们的潜力比我们假设的要大得多。实际上，我们通常认为的百分之百可能只有 70% 甚至更少。

◎ 如果我们想"仅仅"付出 100%，那么我们就人为地设定了过低的限制。总是把一个过于低下的水平当成是上限，是得不到任何成长的。

◎ 付出 110% 的努力说的是，做到你能够达到的最佳水平。

本来不能再超越自己的"额外"的一次次训练，却可以最大限度地提高你的水平。

—— 运动界格言

实践练习

我今天要通过下面的步骤，拿出 110% 的努力来提升自己的能力：

⏰ 每日练习第一项

今天，我要针对至少一项活动投入 110% 的努力。
是哪一项活动？

_____

_____

还有哪些其他活动作为备选项？

_____

_____

⏰ 每日练习第二项

今天，我不接受任何方面的限制。100% 只是对于我能力的一个虚假的想象，并没有符合实际情况。我要成为最好的自己。如果我不能够做到，那么我就必须做好。

至今为止，有哪些事情受到了我能力的限制？

_____

_____

我可以怎样做来打破限制，实现 110% 的努力？

_____

_____

🕐 每日练习第三项

我对于自己的认知并不符合实际。我要用我希望成为的样子代替这样的认知。我希望成为的样子是不受限制的。今天，我要写下来自己希望成为的样子。因为我现在就下定了决心，要变成自己希望成为的样子。我也要朝这个方向去努力。

我希望自己是怎样的？

_____

_____

_____

🕐 每日练习第四项

那些按照 110% 规则生活的人要比平常人更加注意休息。因为我今天更加专注工作，那么我要计划自己的休闲时间以及休息时间。

我打算今天什么时候要进行休息？

_____

_____

_____

什么时候是我的空闲时间，在此期间我要做什么？

_____

_____

_____

🕐 **每日练习第五项**

没有任何人不践行110％规则却能取得成功和声望。有哪些人让我备感钦佩？根据110％规则，我可以从这个人身上学到什么？我要找到这样的例子：

第一个人：_____

第二个人：_____

第三个人：_____

> 写下这一步的成功日志 <

针对今天的第十四步法则，我在现实生活中进行了多大程度的应用？
对我来说，极其成功之处在哪里？

_____

_____

我从这一步中得到的教训：

_____

_____

第15步
从麻烦中成长

每个人都会遇到麻烦。许多人在浴缸中长时间思考问题，而赢家只会将气馁的感觉控制在尽量少的时间里。然后再将这种挫败感转化成对事件本身的着迷。不久，他就会变得积极，并且致力于解决问题。令他着迷的正是能够从问题中发掘出来的多种可能性，尤其是时机。

只要我们从心底里受麻烦所禁锢，那么我们永远不会迈开步伐。我们不能忘记的是，关于问题的决定本身具有重要意义，而不是麻烦。如果我们不再关注问题，那么问题本身从情感上看就失去了对我们的控制，我们的关注点就转向了解决方案上。

赢家对此的总结是：

◎ 麻烦之所以是麻烦，并不仅仅因为糟糕的境况，而是在于看待问题的方式。如果我们的思维和情感都不为麻烦困扰，那么麻烦对我们的影响就会变小。

◎ 赢家从来不把麻烦看作是永恒不变的。他们相信多种可能性："一切都会发生改变。"他们具备寻找解决办法的能力，并且不允许麻烦影响到自己生活的方方面面。

◎ 赢家不会把麻烦看成是针对自己的事情，更多情况下他们把麻烦看成是成长的挑战和机遇。

◎ 没有任何挑战不是由我们自己掌握在手中的。我们应该切实地去寻找"困难"和"问题"，因为我们需要麻烦带给我们的礼物。

◎ 麻烦一旦出现，我们就要逃离出自己的舒适区。由此，在我们生活中会发生一些较大的改变。如果你想变得富有，那么你就必须针对一系列问题进行发问。如果你不希望自己处于单一的境况，那么你就要祈祷自己具有更多的能力。

◎ 生活赐予我们特定的教训，有些教训会以类似的形式一再出现，直到我们理解了自己受到的教训。生活并没有惩罚我们，只是在教育我们。

◎ 赢家知道，越是成功，就会遇到越多麻烦。赢家生存的基本法则在于，解决掉一个麻烦，就会立即去寻找一个新的、更大的麻烦。

你归罪于谁，谁就会以力量相报。

——博多·舍费尔

实践练习

我今天要通过完成下面的步骤，来加强自己处理麻烦的能力：

⏱ 每日练习第一项

只要今天一出现麻烦，我就马上将注意力放在解决问题的方法上。我会马上利用以下六个步骤来处理问题。

1. 这个麻烦有哪些好的方面？

_____

_____

2. 在我的生活中有哪些方面做得不够好，以至于这样的麻烦才会出现？

_____

3.我能做的有哪些事情，来使未来不再发生这样的事情？

4.有哪些解决麻烦的可行方案？

5.哪个方案是最佳方案？

6.在解决麻烦的过程中，我可以有哪些乐趣？

🕐 每日练习第二项

我知道，自己可能不是遇到这种麻烦的第一人。我要为自己找到榜样，也就是那些处于类似境况的人，并且向他们学习。

有哪些榜样人物解决了同我类似的麻烦？

🕐 每日练习第三项

当我遇到棘手的麻烦，我会这样问自己：

1.我是否可以进行直接的控制？（我怎样才能改变我的习惯？）

2. 我是否可以进行间接的控制？（我怎样才能扩大自己的影响范围？）

_____

_____

3. 我是不是不能够进行控制？（我会作何反应？除此之外我还能做什么好的事情来使自己感觉幸福？）

_____

_____

🕐 每日练习第四项

我明白，麻烦归根结底看来是从我的角度出发的麻烦。这就好比蛋仔饼。蛋仔饼都有一个共同点：都是有两个面。两面都是有因火候不同而造成颜色深浅不同。

因此，今天我要问自己：我的麻烦有什么好的方面？（或者说，我的麻烦怎样才能变好？）

_____

_____

🕐 每日练习第五项

我要问问自己：是否有这样一种问题，在我的生活中以类似的方式一次又一次地出现？

_____

_____

我应该从中学到哪些经验进行避免？

_____

_____

🕐 每日练习第六项

我知道我是伴随着问题长大的。这就是我没法避免问题的原因。每次我控制了一个问题，我都在寻找下一个挑战。问题对于我来说成为一种运动方式。

我成功地控制了哪类问题？

_____

_____

下面我要首先解决哪方面的问题？

_____

_____

> 写下这一步的成功日志 <

针对今天的第十五步法则，我在现实生活中进行了多大程度的应用？
对于我来说，极其成功之处在哪里？

_____

_____

_____

_____

我从这一步中得到的教训：

_____

_____

_____

_____

既当老板，又当员工

自由并不意味着随心所欲地做自己想做的事情。自由意味着一种纪律，是去实践自己计划和决定的纪律。树立这样的纪律并非完全取决于一个人是否具有钢铁意志，更加重要的事情在于我们的目标。我们的目标愈加具体，那么我们所坚持的计划就愈加具有意义。我们对于自己的目标所抱有的愿景越具体，那么我们需要的"纪律"就越少。

热情可以替代钢铁纪律。但是，给自己下达指令进行管控，并且使其实现，是更为必要的。这一切都可以通过将"既当老板、又当员工"的思路和方法得以实现。面对每一项工作，你必须站在员工的角度思考，并且像老板一样进行管控。你要像老板那样设置战略，并且像员工那样实践纪律。

赢家对此的总结是：

◎ 归根结底，成功与失败只有一步之遥。区别就在于我们的个人习惯差异所直接导致。如果我们想让事态朝着对我们有利的方向发展，那么我们就必须改掉陈腐、老旧的习惯，养成能够造就成功的习惯。

◎ 成功人士有一个共同点：能够尽可能好地完成下一项工作的能力。

◎ 如果你想要变得富裕，那么你不必完成特别棘手、格外艰巨的任务，而是要把非常普通的工作完成得非常出色。

◎ 要收获幸福，就必须养成做事情的自律性。只有这样，我们才可以做更多我们想做的事情。

◎ 你必须对自己坦诚，包括做了的以及没做的事情。为避免自我欺骗，必须以书面形式记录，自我监督。

管不住自己的人，必将受制于他人。

——博多·舍费尔

实践练习

我今天要通过完成下面的步骤，来加强自己集老板和员工于一身的能力。

🕐 每日练习第一项

我明白，作为一个独立的人，我的成功取决于我培养怎样的纪律。我要求自己养成这样的纪律习惯。每一个细节都十分重要。今天我要细致入微地执行我的计划。

我今天有什么计划？

_____

_____

_____

🕐 每日练习第二项

我决定要做一个集老板和员工为一体的人。对待自己我要强硬起来。我要像老板审查员工那样控制自己。我并不认为自己应该为了别人努力工作，反而不是为了自己而努力工作。我知道，如果我没法控制自己，那么就会有其他人来控制我。我要么听从自己的想法，要么就必须倾听别人的意见。

我要着重控制自己的哪些方面？

🕐 每日练习第三项

在每个工作日结束时，我会自我批判性地审查我的收获。因为像每个人一样，我也倾向于欺骗自己，所以我写下了我的收获以及获得收益的活动（EPAs）。

我今天的收获：

我今天的创收活动：

🕐 每日练习第四项

因为没有人能够做到一辈子坚守纪律，所以我每隔两周就计划一次"休闲日"。在这一天，我要做自己想做的任何事，吃自己想吃的东西，睡觉……总之任何我想做的事情。在这样的假期可以忽视纪律，这是因为我已经计划好了一切。而其他时候我是要完全遵守纪律的。当我意志薄弱的时候，我就提醒自己，下一个"休闲日"马上就要到了。这就给予了我坚持纪律的力量。

我计划下一次"休闲日"是在什么时候？

届时，我会做些什么（或者说不做什么）？

_____

_____

> 写下这一步的成功日志 <

针对今天的第十六步法则，我在现实生活中进行了多大程度的应用？
对于我来说，极其成功之处在哪里？

_____

_____

_____

_____

我从这一步中得到的教训：

_____

_____

_____

_____

第 17 步

树立远大的目标

如果你想在生活中实现重大飞跃，那么你就必须设定更大的挑战和目标。成长壮大皆始于大目标。我们最终是否实现了大目标并不重要。重要的是我们做出努力。正是这样我们得以学习，得以成长，得以获得新的能力。通往目标的道路上开拓了崭新的、有趣的以及美丽的事物，这一切都是你应得的奖励。

当我们尚未设定很高的人生目标时，我们不应该因为短期目标而低估自己。为了能够实现重大的改变，我们首先要进行自我改变。而这一切，都是需要时间的。

赢家对此的总结是：

◎ 当渴望足够强烈时，我们就总能找到生活中所渴望的事物的途径。

◎ 我们的期望以及由此产生的目标决定了我们在生活中的收获。

◎ 等我们垂垂老矣时，我们只会对一件事感到懊悔，那就是我们没能完成的事情。

◎ 大多数人过高估计自己一年之内能做到的事，却低估自己在 10 年之内可以完成的事。

◎ 当我们达到目标的时候，我们会发现它只是我们途中的一站。达到目标并非生活的目的。目标的存在是让我们的生活更加轻松，并为我们努力的方向赋予意义。

◎ 目标的真正价值在于我们的发展。目标越高远，你就越需要成长来实现目标。

◎ 只有当我们心怀期待去得到生活中最好的东西的时候，我们才会尽自己最大努力，成为最好的自己。

让我们面对现实，让我们忠于理想。

——切·格瓦拉

实践练习

我今天要通过完成下面的步骤，来更好地利用目标的力量：

🕐 每日练习第一项

我要反思一下自己的长期目标，并且思考一下是否能把目标定得再高？没有什么比长期目标更能对我的生活产生影响了。目标越高，我的生活就更加令人兴奋、更加丰富多彩。

我的长期目标有哪些？我是否将这些目标定得足够高？

_____

_____

_____

🕐 每日练习第二项

我不会教那些不懂得大目标的人任何东西。我收获的只能是无用的讨论，这些讨论会占用我的力量，并可能引起我的动摇。相反地，我应该想着可以帮助我实现目标的那些人。有哪些人可以帮助我实现目标？

_____

_____

⏰ 每日练习第三项

因为上面说到的目标不能太抽象，所以我要建立一个梦想相册，在这本相册中，我要用照片的形式粘贴我所有的梦想（比如说从杂志中找到的剪辑、照片组合、手绘等）。如果我每天都翻看这些梦想相册，那么实现梦想就成为一项必须完成的事情。

我要将哪些图片收集在梦想相册中？

_____

_____

（注意：大多数人只是将希望拥有的东西贴在梦想相册中，其实更加重要的是找到反映出激励你追求梦想的动力。）

⏰ 每日练习第四项

我将自己的短期目标分为 A 组、B 组和 C 组。A 组目标是我必须实现的目标；B 组目标在计划中，但并非"绝对必须"实现的；C 组目标不是必须实现的。因此我下定决心，无论如何都要通过努力而实现 A 组目标。并且，我要坚定信念，向着更加远大的目标努力。

A 组目标

_____

_____

B 组目标

_____

_____

C 组目标

如果你想更加精确地进行这项练习，那么请你针对生活的五个方面都进行这样的计划（你可以通过本书的 part 2 部分来实施。在这本书中，你可以通过其中关于生活中五个方面来计划即将到来的一年）。

🕐 每日练习第五项

我要聆听自己内心的声音：我是否做好准备，树立一个长期目标，而这个目标原本是我生活中不能够企及的？

我的远大目标是：

_____

_____

_____

> 写下这一步的成功日志 <

针对今天的第十七步法则，我在现实生活中进行了多大程度的应用？

对于我来说，极其成功之处在哪里？

_____

_____

_____

我从这一步中得到的教训：

_____

_____

_____

_____

给予他人之所需

如果我们能做到与人为善，那么我们就能够收获更多，而与人为善是基于理解、宽容、耐心、对他人抱有乐观的期待、兴趣以及平和的态度。这种交往是和一个真诚的愿望结合在一起的，也即希望别人和我们过得一样好。

为了避免不必要地一遍又一遍列出上述词组，为了简单起见，我们称之为"爱"。爱是宇宙中最强大、最明智的力量。我们投入的爱越多，我们就能够更快地实现自己的目标，获得更多的能量。

人各有别，别人们的愿望需求与"我"的不尽相同。因此，应当以别人喜欢并愿意接受的方式来对待他人。

赢家对此的总结是：

◎ 爱不会产生阻力，反而能引领我们以最快速度达成目标。

◎ 为了能够给予他人所需，我们必须投入时间仔细观察。这其中的艺术在于，接受一个人发出的关于其需求和愿望的信号，并且明确领会其中的意思。

◎ 我们看到的不是世界的样子，而是我们自己原本的样子。我们看到的他人，也就是我们内心所反映出的他人的样子。

◎ 我们必须与自己和解。只有我们成为自己喜欢的样子，我们才能够喜欢他人。

◎ 我们不应该过度分析他人。将花朵按照"部分"去分析的人，会破坏花朵本身的美丽。

◎ 我们应该关注美丽的、美好的事物。诽谤中伤他人的人，只会关注他人的错误和弱点。这样，世界对他来说就是一个充满了错误和缺陷的地方。

◎ 一段关系，只有在双方都保持互相给予对方所需的前提下才能够长久，并且富有意义。

你在别人身上看到的，是你自己的未来。如果你看见光明，那你的未来就会光明坦荡；如果你看到的是肮脏，那你的未来就灰暗没落。

——一则老谚语

实践练习

我今天要通过完成下面的步骤，来更好地提升自己给予他人所需的能力。

🕐 每日练习第一项

今天我要再次提醒自己，爱是世界上最明智、最省力的生活方式。因此我决定，今天要给予他人所需要的东西。

今天和我接触的人，他们可能需要什么呢？

_____

_____

_____

🕐 每日练习第二项

我要进行一个小测验：我和生命中最重要的 5 个人关系如何？我要问自己，今天能够做什么才能让我们的关系更进一步？

_____

_____

_____

🕐 每日练习第三项

今天，我要再次按照给予他人所需的 24 条金规去生活（详见本书第 150 页）。我知道，如果我想使金规成为我生活中固定的一部分，那么我就要尽可能经常进行阅读。为此，我要将金规打印出来，贴在墙上，或者随身携带。今天，在进行每一次重要的谈话之前，我都要阅读一下金规（其实，每一次谈话都是重要的，否则就没有必要进行谈话了）。

金规中哪三条对我来说是极其重要的？

1._____

2._____

3._____

🕐 每日练习第四项

我要记录下对某些特定人们的看法。如果我重复进行这样的练习，那么我就可以将我的记录进行对比。

（那些长时间遵守金规生活的人，可以注意到自身的一些变化。这样你就会开始真诚地喜欢越来越多的人。金规就会成为实现自身目的以及内在需求的一种方式。）

_____

_____

_____

_____

⏰ 每日练习第五项

如果我处于一种合作关系之中，那么我今天会和我的合作伙伴一同外出。其间，我要表现出认真、客气、迷人的姿态，就好像我是第一次同这个人外出一样。我要营造出一个神奇的时刻。

我和我的伙伴要去哪里？我要营造出怎样的"神奇的时刻"？

_____

_____

_____

_____

⏰ 写下这一步的成功日志

针对今天的第十八步法则，我在现实生活中进行了多大程度的应用？

对于我来说，极其成功之处在哪里？

_____

_____

_____

_____

我从这一步中得到的教训：

_____

_____

_____

_____

不要分心

为了实现真正的成功，我们必须凝聚一切能量，把注意力投入一件事情上。对于很多人来说，集中精力是件困难的事，因为他们很容易受到干扰。干扰的真正危险在于我们喜欢将它作为借口，为自己没有成功或者缺少努力辩解。但是真正的决定权在我们自己：要么我们分散了注意力，要么我们实现自己的目标。

请你专门设置处理干扰的时间，并列入计划。如果不出问题，那就赢得了额外的时间。对于赢家而言，干扰在生活中也有其价值。你要以一种明智的方式处理它，并留出时间来进行计划。但是你不能以注意力分散做借口。虽然有注意力分散的时候，但是你要实现自己的目标。

赢家对此的总结是：

◎ 只有结果才是最重要的，而不是借口。赢家是面临干扰也能取得成功的那类人。

◎ 所有的干扰都是一样的。它们以同样的方式，阻止了特定某种结果的产生。

◎ 借口之所以存在，是为了把注意力从我们自身转移到其他的人或者事物上。

◎ 那些把时间主要都花在应付干扰和琐碎之事的人，他们只能称之为活着。因为他们没法掌控自己的生活。只有那些不受干扰、心无旁骛地朝自己目标努力的人，才能够真正做自己生活的设计师。

◎ 干扰总会出现，我们必须学会如何处理它。把干扰纳入计划中，而不是让它瓦解计划。

◎ 干扰可以提醒我们，该做小结了。

有一件事你总能预测到，那就是不可预测之事。

——歌德

实践练习

我今天要通过完成下面的步骤，来更好地提升自己处理干扰的能力。

🕐 每日练习第一项

今天我不要有任何借口。借口只会让我转移注意力。我要拥有控制生活的力量，而不在任何情况下做生活的玩物。使用借口意味着我把自己的生活交付给其他事物或者其他的人。我要把自己的能力投入在实现自己的目标，而不是寻找借口开脱。

由于经常找借口，我在哪些方面要特别注意？

_____

_____

_____

🕐 每日练习第二项

我不会因为分散注意力而放弃我的目标。我要像原先计划的那样进行今天的活动。

今天我要进行哪些活动?

_____

_____

_____

🕐 每日练习第三项

由于我总是可以事先将分散注意力的事情预留出时间,所以我今天要留出一定的时间防止分心的事情发生。我要做到自己可以控制那些让我分散注意力的事情,而不是被分散注意力的事情所控制。

今天我要预留出哪些时间给分散注意力的事情?

(理想状态: 我工作时间的 50%。)

_____

_____

_____

🕐 每日练习第四项

如果发生无法预料的分散注意力的事情,我会以此为契机进行快速检查。我要问问自己:

1. 我是否能做到最大化利用自己的时间呢?

_____

_____

2. 我是否对问题进行管理? 或者说,我是否有一个长期的解决办法?

_____

_____

3. 我可以根据自己的人生目标更好地利用自己的时间吗?

_____

_____

_____

> 写下这一步的成功日志 <

针对今天的第十九步法则,我在现实生活中进行了多大程度的应用?
对于我来说,极其成功之处在哪里?

_____

_____

_____

_____

我从这一步中得到的教训:

_____

_____

_____

_____

成为一个卓有成效的榜样

如果我们按照自己说过的话行事，那么我们所说的一切就具有更加重要的意义。如果别人不相信我们的话，那么原因并不在于他人，而是在我们自己。你所提到的好的或是坏的事例，总会影响到别人的行为。如果你注意力分散了，那么你的员工也会受影响而分心。如果你遵守纪律，以结果为导向，那么你的员工也会是这样。为了保持你的动力和热情，你可以尝试遵守"三天法则"：你需要每隔三天获得一个具体的成果，无论是什么，只要是可衡量的成果。

赢家对此的总结是：

◎ 只有我们把自己置身于生产阶段不断努力富有成效时，我们才能有底气地谈论未来的目标。

◎ 人们往往倾向于从地位，而不是从生产过程来判断一件事情的重要性。但是，可信度是通过行动得到证实的，而非地位本身。

◎ 声誉总是基于已经取得的成就，以及对当前行为的尊重。

◎ 如果你希望激励他人付出更多，那你自己要身体力行做出榜样。

◎ 如果你停止努力付出，那么你永远不会实现长期的成功。

◎ 如果你每隔三天至少能获得一个具体成果，那么你将会保持积极向上的状态，并且自动成为一个好的榜样。

◎ 请你至少每隔三天就支持你的员工一次，请你鼓励他们，这样你就会看到你并不是一个人在付出，他们也会给予你帮助。

◎ 赢家从来都不会在生产环节扭头离开。他们总是记得自己当前的活动真正构建了他们的未来。

你做的事情代表着发出的声音，这声音如此之大，以至于我听不见你的言语。

——阿伯拉罕·林肯

实践练习

我今天要通过完成下面的步骤，来更好地提升自己成为一名做事有效率的榜样。

🕐 每日练习第一项

今天，我要确保自己处于做事情的状态。具体我要做哪些事情？

_____

_____

_____

🕐 每日练习第二项

今天，我要制订一个计划使自己至少每三天完成一件具体的事情。我要从今天开始坚持"三天法则"。

我在三天之内要完成的计划：

_____

_____

_____

我在六天之内要完成的计划：

我在九天之内要完成的计划：

⏰ 每日练习第三项

为了尽可能给予我的新员工最好的支持，我会至少每三天鼓励他们一次，并与他们进行沟通。要做到这些需要我的员工支持，也就是说他们自己能够遵循"三天法则"去生活。但如果在这之后，他们至少每三天还能听到我的消息，这样做也是十分有益的。

今天我要给予我的员工怎样的支持和鼓励？

⏰ 每日练习第四项

通过做出榜样进行领导，这对于我来说是最重要的领导形式。

我今天要问问自己，我想不想让自己成为这样的领导？

从哪里能看出我是一名好领导？

作为领导我还有哪些地方值得学习？

_____

_____

_____

_____

_____

🕐 每日练习第五项

今天我要带着批判的眼光来看待自己：我是否沉浸在过去的成功中晒太阳，还是躲在自己的想象之后？想象的愿景总是很好的，但必须用行动来使这些想法变得充实。

_____

_____

_____

_____

🕐 每日练习第六项

如果今天有人旁观我的工作，那么我要让他说服我，为了实现自己的目标而完成计划中的所有事情——也就是完成计划的110%。除此之外还有什么是必须要做的？这个中立的观察者是否会真正投入我的计划中？（我说的是持续地进行观察，不被察觉。）

> 写下这一步的成功日志 <

针对今天的第二十步法则，我在现实生活中进行了多大程度的应用？

对于我来说，极其成功之处在哪里？

_____

_____

_____

_____

我从这一步中得到的教训：

_____

_____

_____

_____

_____

_____

第 21 步
尽快着手去做重要的事情

重要的事情和紧急的事情存在区别。我们将重要的事情拖得越久，那么这些事情就变得越发紧急。对于不重要的事情来说，道理是一样的。赢家会把生活中重要的事情当成是无比紧急的事情去处理。他们做一切事情时都想要尽可能快地去完成（也就是 SSWIM 原则），并且遵循着 72 小时规则。这条规则意味着你在 72 小时之内必须开始进行具体的行动，以便实施你的计划。如果不这样做，那么你的计划得以实现的机会就只有 1%。

赢家对此的总结是：

◎ 我们生活愈加被紧急之事所决定，那么所能做的重要之事就愈少。当然，我们必须处理那些紧迫的事情，同时我们也不能忽视生活中重要的事情。

◎ 只有我们尽可能快地着手去做一件重要的事情，我们的大脑才会相信那是我们真正想要得到的东西。因为如果大脑不相信我们自己，那么它不会认真对待一件事，会忘记它。

◎ 你不必一次性将一切搞定，也没有必要为此提高速度。但是，你必须开始行动，也就是说，要尽可能快地着手去做一件事。

◎ 随着我们不断拖延，我们会随着时间的分分秒秒愈加抗拒不想做的事情。直到我们真正完成这件事，否则事情会一直压在我们头上。

略带瑕疵地完成一项工作，总比为了完美地完成它而去拖延要好得多。

——博多·舍费尔

实践练习

我今天要通过完成下面的步骤，来更好地提升自己成为一名做事有效率的榜样。

🕐 每日练习第一项

早晨，我要问问自己："我有什么特别不喜欢的事情？"我要把这件事作为第一件事情处理，或者我请他人代劳。这样，让我不舒适的事情就不再占用我的心思。我越早完成这件事，那么我就会越早享受到美好的一天，因为这样的话，我只需要完成其他那些让我愉悦的事情了。

今天我要首先处理哪些让我不舒适的事情？或者哪些事情我可以委托他人来做？

_____

_____

_____

_____

_____

🕐 每日练习第二项

接下来，我会问自己，有哪些事情是我今天最重要的任务？这一周／月／年最重要的任务是什么？我要马上开始行动，不让自己注意力分散，直到完成任务。只有当这一天没有其他事情可做，我才知道，我已经完成了最重要的事情。

今天，我最重要的任务是什么？

_____

_____

_____

_____

🕐 每日练习第三项

我要问问自己，我要怎样改变自己的生活才能够腾出更多时间完成最重要的事情，而不是为了愈加紧急的事情而苦恼？

_____

_____

_____

_____

🕐 每日练习第四项

凡是我要完成的事情，我都要在 72 小时之内开始执行。我要至少开始第一步。我要通过今天的练习，用自己的速度来让大家感到震惊。今天，我的行为准则是：尽可能快地着手去做重要的事情。

我要开始的第一步是什么？

_____

_____

_____

_____

🕐 **每日练习第五项**

我要看看自己是不是陷入了追求完美的陷阱。面对一个项目，我要在什么时候（1）开始一个项目，或者（2）完结一个项目？

（1）_____

（2）_____

> 写下这一步的成功日志 <

针对今天的第二十一步法则，我在现实生活中进行了多大程度的应用？

对于我来说，极其成功之处在哪里？

_____

_____

_____

_____

_____

我从这一步中得到的教训：

_____

_____

_____

_____

_____

第22步
承担所有的责任

当事情进展得不尽如人意的时候，我们通常习惯性地认为，是别的情况或者其他人的原因才导致我们得到这种消极的结果。只有你承担起对自己生活的全部责任，你才能够像赢家那样去生活。你可能不对所有的情况负责任。但是，只有你自己才能对一切情况做出反应，并且对所有的事情进行解释。

赢家对此的总结是：

◎ 把责任推给他人，那么也就相当于把权力交给了他人。

◎ 事情的发展情况并没有起到决定作用，重要的是我们如何处理事情。

◎ 心理学家维克多·弗兰克尔说，在任何特定的环境中，人们还有最后的一种自由，就是选择自己的态度。

◎ 每一天都像是一种新生，因为我们每天都有崭新的选择来决定我们生活中一个新的开始。

◎ 每一天对我们来说都是一件无价的礼物：它赐予我们一种新的看法来改变一切不幸的可能。

◎ 接受你今天的生活，因为过去的弱点已经决定了你现在的样子。只有这样，你才能清醒地做出决定，为今天创造更美好的未来。只有这样，你才能掌控自己的生活。

◎ 你不光要为自己正在做的事情负责任，还要为你搁置放弃的事情负责任。

人们总是把自己的过失归结于环境。我并不相信这种借口。在这个世界上取得成就的人，都努力去寻找他们想要的机会。如果找不到机会，他们便会自己创造机会。

——萧伯纳

实践练习

我今天要通过完成下面的步骤，来训练自己去承担生活中的全部责任。

🕐 每日练习第一项

今天我不把错误归咎到任何事情任何人身上。因为我把错误归咎于谁，谁就拥有了权力。我要成为自己生活中的主人。

对于这种新的想法，我曾经有怎样的相关经历？

_____

_____

_____

🕐 每日练习第二项

如果我在试图做某事的过程中遇到了极其困难的情况，那么我就闭上眼睛，想象着我是一个具有超强能力的人。我要问问自己，这样强的一个人，在目前这种情况下会做出怎样的反应？他会怎样处理这样的事情？

有哪些人具有超强的能力，我可以拿来当作自己的榜样？

_____

_____

_____

这样的人们面对我目前的问题，会做出怎样的反应?

_____

_____

_____

🕐 每日练习第三项

如果我没有完成今天的目标，那么我要对此负全部责任。同样地，如果我很好地完成了什么事情，我同样拥有全部功劳。我不会认为是命运或者什么其他人帮助了我。对于成功，我感受更多的是一种骄傲、感激以及愉快的情绪。这样，我将继续怀着对自己的认知努力下去。

今天在什么情况下我承担了全部责任?

_____

_____

_____

_____

_____

🕐 每日练习第四项

如果今天有人对我表现得具有攻击性，那么我会反思自己是否做了一些伤害他或者恐吓他的事情。我还要反思一下是不是我抱有过高的期望了。

_____

_____

_____

_____

_____

> 写下这一步的成功日志 <

针对今天的第二十二步法则，我在现实生活中进行了多大程度的应用？
对于我来说，极其成功之处在哪里？

_____

_____

_____

_____

_____

_____

    我从这一步中得到的教训：

_____

_____

_____

_____

_____

_____

_____

第23步

学会克服恐惧

每个人都会有胆怯时——那些做大事的人同样有恐惧心理。有勇气并不是说那些从不恐惧的人，而是那些面对恐惧能勇敢克服的人。害怕的原因在于不明白应该怎么办。我们没有办法保护自己免于恐惧的打击。但是，我们可以让这种感觉成为我们的朋友，甚至进一步去超越恐惧。

赢家对此的总结是：

◎ 恐惧就好比黑暗，让人无从驱赶。但是我们可以像光明照亮黑暗一样克服恐惧。

◎ 恐惧的反面是感恩。当你心怀感激之情时，你不会感受到恐惧的存在。如果你能够想到五件让你心怀感激的事情，那么你的恐惧就会烟消云散。

◎ 赢家会说："如果在迈出新的一步之前我感受到了恐惧，那么就意味着这一步于我来说太小了。"

◎ 赢家与他们内心的恐惧为友，他们把恐惧看成是能推动个人成长的驱动力。

◎ 赢家视生活如游戏。错误在游戏的人生中无足轻重。只有当我们输掉游戏的时候，我们才能够开启一场新的游戏。

◎ 赢家相信生活中存在着某种指引，使得一切存在意义。这些意义并不是马上有所体现的，常常让人后知后觉。

◎ 赢家认为自己处于广袤无垠的宇宙大背景之中，而自身所有的欲望、恐惧以及灾难只不过是时间宇宙中的一阵微风。

毛毛虫眼中世界的毁灭，其实是造物主为蝴蝶的诞生做出的安排。

——理查德·巴赫

实践练习

我今天要通过完成下面的步骤，来提升自己面对恐惧的能力。

⏰ 每日练习第一项

每当我陷入恐惧当中，我就阅读以下附录中对抗恐惧的十点原则。
让我印象深刻的三条最重要的帮助有哪些？

1._____

2._____

3._____

⏰ 每日练习第二项

今天，我要写出至少 30 件让我感恩的事情。我明白，慢性焦虑不会轻易消失，而是取决于我如何进行处理。必要时，我要用感激之情来照亮恐惧的黑暗。

1._____	2._____
3._____	4._____
5._____	6._____
7._____	8._____
9._____	10._____

11.＿＿＿＿＿＿＿＿＿＿＿＿＿＿＿ 12.＿＿＿＿＿＿＿＿＿＿＿＿＿＿＿

13.＿＿＿＿＿＿＿＿＿＿＿＿＿＿＿ 14.＿＿＿＿＿＿＿＿＿＿＿＿＿＿＿

15.＿＿＿＿＿＿＿＿＿＿＿＿＿＿＿ 16.＿＿＿＿＿＿＿＿＿＿＿＿＿＿＿

17.＿＿＿＿＿＿＿＿＿＿＿＿＿＿＿ 18.＿＿＿＿＿＿＿＿＿＿＿＿＿＿＿

19.＿＿＿＿＿＿＿＿＿＿＿＿＿＿＿ 20.＿＿＿＿＿＿＿＿＿＿＿＿＿＿＿

21.＿＿＿＿＿＿＿＿＿＿＿＿＿＿＿ 22.＿＿＿＿＿＿＿＿＿＿＿＿＿＿＿

23.＿＿＿＿＿＿＿＿＿＿＿＿＿＿＿ 24.＿＿＿＿＿＿＿＿＿＿＿＿＿＿＿

25.＿＿＿＿＿＿＿＿＿＿＿＿＿＿＿ 26.＿＿＿＿＿＿＿＿＿＿＿＿＿＿＿

27.＿＿＿＿＿＿＿＿＿＿＿＿＿＿＿ 28.＿＿＿＿＿＿＿＿＿＿＿＿＿＿＿

29.＿＿＿＿＿＿＿＿＿＿＿＿＿＿＿ 30.＿＿＿＿＿＿＿＿＿＿＿＿＿＿＿

🕐 每日练习第三项

今天，我要从另外一种视角关注恐惧。我要把恐惧当成是助力我成功的一种有效动力。一点点的恐惧会向我展示我正在伸展和成长。如果面对即将迈出的步伐，我没有产生恐惧的情绪，那么就意味着这一步对我来说太小了。

有没有什么任务或者重要的决定，由于我的恐惧而一拖再拖？针对这样的事情，我此时此刻应该进行怎样的处理？

＿＿＿＿＿＿＿＿＿＿＿＿＿＿＿＿＿＿＿＿＿＿＿＿＿＿＿＿＿＿＿＿＿＿

＿＿＿＿＿＿＿＿＿＿＿＿＿＿＿＿＿＿＿＿＿＿＿＿＿＿＿＿＿＿＿＿＿＿

＿＿＿＿＿＿＿＿＿＿＿＿＿＿＿＿＿＿＿＿＿＿＿＿＿＿＿＿＿＿＿＿＿＿

🕐 每日练习第四项

假设我知道，在未来的 12 小时中，无论我做什么都会确定取得完满成功。那么我会开始做些什么？

＿＿＿＿＿＿＿＿＿＿＿＿＿＿＿＿＿＿＿＿＿＿＿＿＿＿＿＿＿＿＿＿＿＿

＿＿＿＿＿＿＿＿＿＿＿＿＿＿＿＿＿＿＿＿＿＿＿＿＿＿＿＿＿＿＿＿＿＿

我要严肃认真地问问自己，尽管不排除可能遭遇的失败，我为什么还没有开始做这些事情？难道说恐惧已经左右了我的生活，而不是被控制在一个合理的范围之内？

___

___

___

⏰ 每日练习第五项

　　今天，我不会把自己的愿望或者恐惧看得太重要。

　　我只是这个世界的一分子。

　　对于这样的视角，我有怎样的经历？

___

___

___

___

___

＞写下这一步的成功日志＜

　　针对今天的第二十三步法则，我在现实生活中进行了多大程度的应用？

　　对于我来说，极其成功之处在哪里？

___

___

___

___

我从这一步中得到的教训：

专注于你的优势

每个人都要学着利用自身的天赋去生活。我们要专注于自己能力范围之内的事情，我们已经拥有的以及能够理解的事情。但是，大多数情况下，人们都专注于自己不能做到的事情，或者是自己没有的事物，抑或是超出自己理解能力范围的事情。

无论生活给予你什么，都是以它自己的方式，没有其他任何人或者事会改变这一点。但与此同时，我们也具有其他人所不具备的才能。重要的是，起决定作用的并不是天赋何在，而更在于好好利用我们所拥有的东西。

赢家对此的总结是：

◎ 我们所具有的天赋来自我们所拥有的事物。正是我们所拥有的事物才起到决定性的作用。

◎ 耐力胜过天赋。顶尖的卓越主要归功于训练。

◎ 拥有了足够的坚毅和耐力，你就总会找到通往成功的道路。如果途中有所阻碍，那么你会绕过障碍，爬过障碍，或者超越障碍。

◎ 请你不要一直等待更好的时机，请创造自己希望的时机。

◎ 在发挥自己的优势之前，你一直处于平均的水平。专注并且发挥自己的优势吧。长期以来被冷嘲热讽的东西可能在某一天会成为你闪耀的标志。

◎ 你最好把自己的弱点看成是一种机遇，一种开始新的旅程的机遇，一种与人合作的机遇。这条路会将你引向强大。

◎ 当我们认识到自身的优势与潜力时，那么我们就能够感受到感激、幸福与平和的情感，也就没有空间留给嫉妒与猜疑了。

赢家用自己拥有的色彩描绘生活的蓝图，并且画得很好。

——博多·舍费尔

实践练习

我今天要通过完成下面的步骤，来训练自己专注于强项的能力。

🕐 每日练习第一项

我要明确地感知到，我的成功不仅仅取决于我的天赋，还取决于我利用天赋所做的事情。我不抱怨自己的命运。

在我的生活中有哪些事例证明了尽管凭借些许的天赋，我仍然取得了成功？

_____

_____

🕐 每日练习第二项

我要制作一个我自己强项和弱项的列表。对于弱项，我要找到解决的办法。我要通过接触那些给予我发展空间的人们，来专注发展自己的强项。

我的弱项：

_____

_____

针对弱项的解决办法：

_____

我要在特殊的一张纸上写下自己至少 50 条至 100 条强项。我要从中找出最重要的三点或者五点强项写在这里：

1.＿＿＿＿＿＿＿＿＿＿＿＿＿＿＿＿＿＿＿＿＿＿＿＿＿＿＿＿＿

2.＿＿＿＿＿＿＿＿＿＿＿＿＿＿＿＿＿＿＿＿＿＿＿＿＿＿＿＿＿

3.＿＿＿＿＿＿＿＿＿＿＿＿＿＿＿＿＿＿＿＿＿＿＿＿＿＿＿＿＿

4.＿＿＿＿＿＿＿＿＿＿＿＿＿＿＿＿＿＿＿＿＿＿＿＿＿＿＿＿＿

5.＿＿＿＿＿＿＿＿＿＿＿＿＿＿＿＿＿＿＿＿＿＿＿＿＿＿＿＿＿

未来我要接近哪些能够支持我发展强项的人们?

🕐 每日练习第三项

我要审视自己整体的生活环境，思考一下可以进行怎样的改变。然后我要制订一个计划。我要马上着手做我能做的事情，不往后拖延。

在我的生活中，我想进行怎样的改变?

＿＿＿＿＿＿＿＿＿＿＿＿＿＿＿＿＿＿＿＿＿＿＿＿＿＿＿＿＿＿＿＿

＿＿＿＿＿＿＿＿＿＿＿＿＿＿＿＿＿＿＿＿＿＿＿＿＿＿＿＿＿＿＿＿

为了实现这种改变的计划:

＿＿＿＿＿＿＿＿＿＿＿＿＿＿＿＿＿＿＿＿＿＿＿＿＿＿＿＿＿＿＿＿

＿＿＿＿＿＿＿＿＿＿＿＿＿＿＿＿＿＿＿＿＿＿＿＿＿＿＿＿＿＿＿＿

🕐 每日练习第四项

对于我不能够改变的事情，我要进行补偿。假如今天下雨，我也要微笑，因为尽管我哭丧着脸，还是改变不了下雨的事实。

生活中有哪些事情因为无力改变需要我进行补偿?

＿＿＿＿＿＿＿＿＿＿＿＿＿＿＿＿＿＿＿＿＿＿＿＿＿＿＿＿＿＿＿＿

＿＿＿＿＿＿＿＿＿＿＿＿＿＿＿＿＿＿＿＿＿＿＿＿＿＿＿＿＿＿＿＿

⏰ 每日练习第五项

我要看看自己是否存在嫉妒或者猜疑的情绪。这是种没法代替的情绪。但是，我可以通过专注于我的特质和潜力来超越这些情绪。今天我要写下这个问题的答案：为什么我是独一无二的？

_____

_____

_____

_____

⏰ 写下这一步的成功日志

针对今天的第二十四步法则，我在现实生活中进行了多大程度的应用？
对于我来说，极其成功之处在哪里？

_____

_____

_____

_____

我从这一步中得到的教训：

_____

_____

_____

_____

付出和给予

享受丰富多彩的生活是一个宏远的目标。但是"丰富"这个词有着多重意义。它意味着我们并不需要抓住一切东西，而是有时候放手一下。我们的身体，世界和宇宙都要经历一场充满活力的持续互动。有些东西不断流向我们，又有一些东西不断流走。所以说，付出和给予是我们生活的主题。

赢家深谙给予的艺术，并且不吝惜付出。这些都造就了他们内心的高贵，使他们成为更加美好、更富有同情心并且走向胜利的人。学会给予是获得真正的丰盈、幸福以及内心平和的先决条件。

赢家对此的总结是：

◎ 给予和接受是同一回事，因为它们只是形成宇宙能量流动的不同方面。

◎ 每一种关系都是一种不断的给予和获取。我们给予得越多，我们就越富有生机。我们付出得越多，我们得到的收获就越多。

◎ 每个愿望都有变成现实的可能。给你遇到的所有人最好的祝福吧。你会看到，你的积极能量实际上也会影响你自己，并且使你向更好的方向发展。

◎ 在做出决定的时候，请给予和你接触的每个人一点小礼物。至少是一句赞美或一个祝愿。只要你给予，将会有所回馈。

◎ 宽容是给予中更高一层的艺术。它是我们精神和内在向更高层次发展的关键。

◎ 我们不应该因过去的错误来影响我们今天的生活。我们应该宽容自己并认清其中的错误，那是造就自我走向成熟的重要过程。

◎ 当我们能够为父母付出的时候，我们才是真正地长大了。他们已经把所能做到的最好的给予了我们。

我们愈是心甘情愿地付出，我们就愈能真正享受时间和真爱。

——博多·舍费尔

实践练习

我今天要通过完成下面的步骤，来锻炼自己给予和付出的艺术。

🕐 每日练习第一项

今天遇到的每个人，不管是和我通话的人还是我想到的人，我都会给予他美好的祝福，希望他愉快、幸运。取得成功、收获健康和生活的乐趣。我要分享给他积极的能量。

我以前是否有过类似经历去祝福那些和我进行谈话的人？

其中有没有发生过什么变化？

🕐 每日练习第二项

我要给今天访问的每个人带一份礼物。我要给他们带去一些物质，美好的祝福，深思熟虑的赞美或想法。我所做的一切都将向对方展示出我很在意他的幸福。我要进行练习，并且向其他人展示出我内心的丰富。

我能够向今天拜访的人送去什么？

_____

_____

_____

🕐 每日练习第三项

今天，我要向我最亲爱的人们送出一份特别贴心的礼物。我这样做只是因为我乐于看到他或者她的快乐。

可以送什么样的礼物呢？

_____

_____

_____

🕐 每日练习第四项

今天，我要宽容地对待这个世界。首先我从与自己和解开始。我想到了我对谁心中还有怨恨。我要从心底原谅这个人。我今天要给这个人打电话，或者写信给他——最好马上行动起来。今天我不会对任何人持任何负面情绪。我得到了解脱。

我还同哪些人有过结？我可以做什么让自己原谅他？

_____

_____

_____

🕐 每日练习第五项

我是否对身边的什么人心怀芥蒂？我要马上问问自己，这个人有哪十个积极的特质？

1._____

2._____

3._____

4._____

5._____

6._____

7._____

8._____

9._____

10._____

> 写下这一步的成功日志 <

针对今天的第二十五步法则，我在现实生活中进行了多大程度的应用？

对于我来说，极其成功之处在哪里？

_____

_____

_____

_____

_____

_____

_____

_____

_____

_____

我从这一步中得到的教训：

_____

_____

_____

_____

_____

_____

_____

_____

第 26 步

理智地和金钱打交道

关于积累财富的基本原则简单易懂，那就是我们的花销要少于收入。生活中不是必需的钱，可以用来购买商品，也可以储存起来，喂肥每天能下一只金蛋的鹅。当然，金钱并不是一切，但是当我们没有足够的金钱时，当我们关于金钱的焦虑占据我们思想的时候，它就变得很重要了。

生活中有五个方面的重要组成部分：健康、关系、财务、情感（精神）以及工作（生活的意义）。当我们在其中一方面取得进步的时候，必然会对其他方面产生影响。如果我们掌控了自己的经济大权，那么我们就会将自己的生活提升到一个更高的水平。

赢家对此的总结是：

◎ 你要确保自己支付开销，并且是用你自己储蓄的钱支付。

◎ 积累财富，归根结底，首先要储蓄。

◎ 作为个体经营者，你既是公司本身，又是职员。你从思想上要分清楚两者之间的关系，同时你还要记账。这样，你就至少需要两个不同的银行账户：公司账户以及私人账户。

◎ 请发挥你在财务方面的聪明才智。金钱不应成为你生活的掣肘，而要成为你积极的力量。

◎ 我们愈加富裕，我们对于他人的责任就越大。"我们"的财富从来都不仅仅属于我们自己。如果我们能在同伴亟待帮助之时伸出援助之手，那么我们也会变得无比快乐。

◎ 捐赠钱财证明了一个人对自己以及宇宙能量流转的充分信任。我们期待财富，而我们的期望决定了我们最终的实际收获。

◎ 赢家知道，仅靠金钱不会让自己感到快乐和幸福，而是靠明智地对待金钱才能使人开心。金钱属于那些有能力理智对待它的人。

真正的富裕是我们与生自来的权利。

——博多·舍费尔

实践练习

我今天要通过完成下面的步骤，来把握自己处理金钱的方式。

🕐 每日练习第一项

从今天开始，我要将收入至少 10% 的部分节省下来。因为我知道，只有节流才是储蓄之道。对于自由职业者，我要将每个月一定部分的税金排除在外。

我要开通一个"金鹅账户"，旨在进行长期储蓄。那么我要在每个月伊始定期拿出多少汇入这个账户呢（至少拿出我收入的 10%）？

同样，我要建立一个开心账户。那么，在不产生任何内疚感的情况下，我要在每个月伊始定期拿出多少汇入这个账户呢（比如说 5% 至 10%）？

_____

_____

　　每次涨薪，我都要将 50% 的薪水汇入储蓄账户。因为我已经适应了目前的收入状况，所以这并不意味着放弃了什么。

_____

_____

　　我将省下来的钱进行投资，并且寻找可以实现 12% 长期回报的投资方式。我在哪里可以得到相关信息？可能涉及哪些投资形式？

_____

_____

_____

🕐 每日练习第二项

　　作为自由职业者，我要建立两个不同的账户来区分公司花销以及个人消费。我要设定一个固定的工资额，从公司账户向个人账户进行转账。我要学会最多依靠利润的 45% 这部分去生活。

　　那么我从公司账户向个人账户支付的固定工资应该是多少？

_____

_____

_____

_____

🕐 **每日练习第三项**

今天开始，我要节俭生活。我要在进行每一项开销时问问自己：这一切是不是必需的？

今天我在哪些方面节省了？

_____

_____

_____

🕐 **每日练习第四项**

我要思考一下，今天可以向哪里进行捐款？

_____

_____

_____

🕐 **每日练习第五项**

我明白，引导我认识的人们用一种聪明的方式和金钱打交道是多么的重要。我要想一想，我可以把博多·舍费尔的著作《财务自由之路》以及《小狗钱钱》（儿童书籍）送给谁看？

1._____

2._____

3._____

4._____

5._____

> 写下这一步的成功日志 <

针对今天的第二十六步法则，我在现实生活中进行了多大程度的应用？

对于我来说，极其成功之处在哪里？

_____

_____

_____

_____

_____

_____

_____

我从这一步中得到的教训：

_____

_____

_____

_____

_____

_____

_____

_____

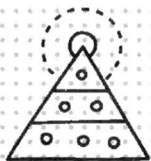

第 27 步
耐心打造自己的基础

我们不可能做到在几天之内取得显著的成功。人们把一块石头放在另一块石头上垒砌房屋，而你也可以通过开始一天又一天的工作以及日积月累的见识和洞察力，来铸就自己的成功。那么，就像建造房子一样，你需要建立创造成功的地基、支柱、墙体和窗户。而这些是不可能一夜之间就变为现实的。也许一个人在几天、几周甚至几个月都没有完成任何有价值的事情。但是，那些一夜暴富的人一定在此前经历了之前日日夜夜的努力工作。很多人没有这样的毅力和耐心，他们宁愿在小的盈利上投入赌注，而不是远大的成功。远大的成功从来都不是轻易得来的。但是，如果你坚持不懈地工作，一块接一块地垒砌石头，那么总会有一天早上，当你醒来时会发现你已经取得了一些真正值得骄傲的成果。

赢家对此的总结是：

◎ 一项成功越是远大，其根基就越要牢固。

◎ 请你回忆一下，有些事情看起来毫无希望，实际上大多情况下并没有走投无路。这一切都取决于我们的认知。

◎ 在你的生意或者工作中一定也有这样的情况：在你还没看到事情的积极面时，你就不该放弃。因为你不仅仅是为你的工作，同时也为你的个性发展而投资。

◎ 成为白万富翁比拥有百万金钱更重要。

◎ 奠定成功的基础需要时间，首先必须从改变我们的思维方式开始。不要在适应期放弃。

◎ 学习并不意味着保留下什么东西。学习意味着不会忘记。如果我们首先建立好了基础，那么之后就没有什么能够阻拦我们。

真正的富裕在于我们自己是什么样的人。

——博多·舍费尔

实践练习

我今天要通过完成下面的步骤，来耐心地建立我的根基。

🕐 每日练习第一项

我明白没有一个坚实的地基就不能建成高楼。因此，对于目前正在着手推进的事务我要保持积极态度，并且坚持我每日的工作方法。但是，对于这些能够实现的结果，我要保持耐心。我明白，每座高楼都是由一块一块砖砌成的。

我目前正在建立的基础是什么？

_____

_____

_____

当时机到来，我所期待的结果是怎样的？

_____

_____

_____

⏰ 每日练习第二项

今天无论发生了什么，我都不会放弃。我知道，每次我没有执行我的决定，就等于放弃了。但是今天，我要坚持做完我想做的一切。今天我要坚持下去。

今天我要坚持什么？

⏰ 每日练习第三项

我要树立远大的成功目标，而不是仅仅追求小的盈利。在未来的一年，我不要制订过于宏伟的目标，但是我要付出 110% 的努力。在未来的十年中我不设限制。我今天要想一想，我是不是要把我的十年目标再设计得高一些？

我的十年目标是什么？我可以把它设计得再高一些吗？

⏰ 每日练习第四项

不仅工作中有适应期（也可以是重新定位的时间），在运动中或者一段亲密关系中也同样有这个阶段。对此，也有些人认为这是落后滞缓的"表现"。我要思考一下，我是否会因为低估了适应期而放弃了生活中的某一部分？

> 写下这一步的成功日志 <

针对今天的第二十七步法则，我在现实生活中进行了多大程度的应用？
对于我来说，极其成功之处在哪里？

_____

_____

_____

_____

_____

我从这一步中得到的教训：

_____

_____

_____

_____

_____

_____

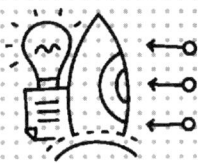

与榜样为伍

赢家们会为自己准备礼物：他们让自己置身于那些积极进取、追求最好结果的人群之中。他们努力置身于激励自己进步的榜样周围，并促使别人进步。与榜样为伍，会渐渐影响我们，使我们发生改变。我们自己也会变成赢家。

赢家对此的总结是：

◎ 没有什么比那些围绕在我们身边的人更能对我们的生活产生影响。

◎ 决定我们思考和感觉的并不是我们的出身，而是我们成长的环境。

◎ 不与其他人相遇，你就还是原来的自己。每一次相遇，都会为你的人生添加新的色彩。

◎ 正是我们目前的思想和感觉造就了我们的今天。同样的想法和感觉并不会让我们变成我们希望的样子。如果我们想要另一番结果，就要学着换一种思考方式，换一种感觉。

◎ 请你更多地围绕在那些榜样身边，他们具备你想学习的特质。我们有能力明确决定，我们能够受到哪些人影响，能够按照哪些"程序"发展运行。

◎ 如果你需要建议，就去向那些比你更加成功的人请教。向那些不知从何入手的人取经没有任何意义。他们的建议往往首先是对自己现状的辩解。

如果我们与成功人士为伴，那么想要成功就会很容易。

——博多·舍费尔

实践练习

我今天要通过完成下面的步骤，来让自己围绕在那些我能够学习的榜样身边。

🕐 每日练习第一项

今天，我要同一位偶像谈天，那位偶像已经具备了我渴望的东西。我要和谁谈天呢？我要向他学习什么呢？

_____

_____

_____

🕐 每日练习第二项

我要让自己受到积极事物的影响。因此，今天我不要收看没有价值的电视节目，也不会整天沉浸在广播音乐中。今天我要清醒地决定自己接收到哪些信息。

今天我要接收哪些信息？

_____

_____

_____

🕐 每日练习第三项

我打算每个月接触一种我可以学习的个性。

在接下来的一个月中，我可以结识哪些人？

_____

_____

_____

我可以做些什么来安排一次会面？有哪些人认识那些我想结交的人们？

_____

_____

_____

🕒 每日练习第四项

我要思考一下怎样才能拓展我的人脉圈。我要用一种明智的方式做这些事，而不是为了教别人什么。

我要从哪些方面促进与哪些人的发展？

_____

_____

_____

我可以和哪些人谈谈关于"赢家的行动变现法则"的内容？

1._____

2._____

3._____

4._____

5._____

🕒 每日练习第五项

我要带有批判性地问问自己：我怎样才能够影响其他人？我可否作为一名模范，还是一个反例？

_____

_____

_____

> 写下这一步的成功日志 <

针对今天的第二十八步法则，我在现实生活中进行了多大程度的应用？
对于我来说，极其成功之处在哪里？

_____

_____

_____

_____

_____

我从这一步中得到的教训：

_____

_____

_____

_____

_____

把不满变成前进的动力

那些取得伟大成功的人都有一个共同点：他们曾对自己生活中的某一方面不满，而正是这种不满变成了他们前进的动力。但是，对于许多其他人来说，不满是消极的。我们当中很多人一定听说过这样的话："你应该对已经拥有的事物感到满意。"对我们这样说的人一定没有分清楚感激与满足的区别。对于我们已经拥有的事物，我们应该心怀感激。这是获得幸福的钥匙。但是，满足却是危险的。我们永远都不应该满足于我们目前是怎样的人，拥有怎样的生活。那些自我满足的人会拒绝发展，停止成长。只要我们不满足于目前的自己，我们就有机会发生改变，获得成长。

赢家对此的总结是：

◎ 无论你拥有什么，都要心怀感激。如果我们对于此刻拥有的东西不加以感激，那么就算我们拥有再多，也不会感觉到幸福。

◎ 我们要努力去得到那些我们想要的东西，那就是成功。我们同时也应感激目前所拥有的东西，这就是幸福。二者缺少一样，都会令人深深遗憾。

◎ 请你永远不要对于生活中已经取得的伟大成功感到满足。如果你没有从成功中获得成长，那么就会后退。在自然界和商业世界中都没有绝对的静止状态。如果你想获得成功，那么你就一定要争取不断发展。从不满足，就是你前进的动力。

◎ 保持不满足的那些人是最幸运的。他们能够持续发展，并且从中取得成功，获得热情。

保持饥饿，方能自由。

——美国谚语

实践练习

我今天要通过完成下面的步骤，来使白己将不满足当成一种良性的驱动力。

🕐 每日练习第一项

我要大声说出目前让我感激的五件事。每一次我专注于这样练习的时候，我的恐惧都会烟消云散。

目前，我对哪五件事情心怀感激？

1.＿＿＿＿＿＿＿＿＿＿＿＿＿＿＿＿＿＿＿＿＿＿＿＿＿＿＿＿

2.＿＿＿＿＿＿＿＿＿＿＿＿＿＿＿＿＿＿＿＿＿＿＿＿＿＿＿＿

3.＿＿＿＿＿＿＿＿＿＿＿＿＿＿＿＿＿＿＿＿＿＿＿＿＿＿＿＿

4.＿＿＿＿＿＿＿＿＿＿＿＿＿＿＿＿＿＿＿＿＿＿＿＿＿＿＿＿

5.＿＿＿＿＿＿＿＿＿＿＿＿＿＿＿＿＿＿＿＿＿＿＿＿＿＿＿＿

🕐 每日练习第二项

我要保持住我的不满足感，因为那是我体内一种起决定性作用的动力。满足感会让我们静止不前，慢慢消亡。不满足感会带来大的变化，让我以正确的方式生活。因此我今天要写下自己无论如何都要获得的三件事情。

1.＿＿＿＿＿＿＿＿＿＿＿＿＿＿＿＿＿＿＿＿＿＿＿＿＿＿＿＿

2.＿＿＿＿＿＿＿＿＿＿＿＿＿＿＿＿＿＿＿＿＿＿＿＿＿＿＿＿

3.＿＿＿＿＿＿＿＿＿＿＿＿＿＿＿＿＿＿＿＿＿＿＿＿＿＿＿＿

🕐 每日练习第三项

我不会说服别人接受我关于不满足感的观点。我认为每个人都有权利按照自己认为正确的生活方式去生活。我也不会因为自己的不满足感而感觉到羞愧。

我对于生活中的哪些方面是不满足的？

_____

_____

_____

我怎样做可以从不满足感中获得成长？

_____

_____

_____

🕐 每日练习第四项

我明白，如果我能够激励他人和我共事，那么我的公司就能够得到发展。今天我要找那些不满足于现状的人，然后为他们提供一个好机会。

我在哪些方面需要加强？

_____

_____

_____

有哪些潜在的候选人可以考虑？

_____

_____

_____

_____

> 写下这一步的成功日志 <

针对今天的第二十九步法则，我在现实生活中进行了多大程度的应用？
对于我来说，极其成功之处在哪里？

_____

_____

_____

_____

_____

_____

我从这一步中得到的教训：

_____

_____

_____

_____

_____

_____

做雄鹰，不做鸭子

古印度有这样的传说，上帝首先创造了贝壳，然后创造了雄鹰。上帝让人们有机会既可以选择无聊的贝壳式的生活，又可以选择让人兴奋又激动的雄鹰式的生活。但是有人既不选择贝壳式的生活，也不要雄鹰式的生活。虽然他们想要雄鹰的优势，却不愿意付出代价，因此他们一直在寻找一种符合他们"要求"的动物。最终，人们找到了这样的动物：鸭子。鸭子们具有的一个显著特征就是嘎嘎叫（用来找借口）。它们简直整天都在嘎嘎叫。早上醒来，它们嘎嘎叫着；当它们祈求喂食的时候，它们嘎嘎叫着；如果有其他动物从它们那里偷吃食物，它们嘎嘎叫着；如果没有达到某种结果，它们还是嘎嘎叫着。它们一直都在嘎嘎叫着，却没有行动——这简直糟糕透了。但是与此相反的是，当鸭子嘎嘎叫的时候，雄鹰们会付诸行动。赢家，是像雄鹰那样去生活的。

赢家对此的总结是：

◎ 鸭子是悲观主义者。雄鹰是乐观主义者。

◎ 鸭子们从来都不经历冒险。尽管雄鹰们有时会有恐惧，但还是会身体力行付诸实践。雄鹰们充满勇气。

◎ 鸭子们从每一次机遇中寻找麻烦。雄鹰们从每一个问题中看到机遇。

◎ 鸭子们只会关注问题，不停地嘎嘎叫。雄鹰们只会关注解决问题的办法，并且付诸实践。

◎ 鸭子们只会等待被喂食，如果不能够得到满足，他们就会嘎嘎叫。雄鹰们会承担起全部的责任，并且去争取自己想要的东西。

◎ 鸭子们只能选择自己拥有的去爱。雄鹰们会去争取自己心爱的事物。

◎ 对于鸭子们来说，全世界是由一个小池塘组成的。而雄鹰们要去触摸最高的雄峰。

◎ 鸭子们只会咒骂当下的状况。而雄鹰们要改变现状。

请你为我引荐不知道此事行不通的人来。

——博多·舍费尔

实践练习

我今天要通过完成下面的步骤，来训练自己雄鹰一般的能力。

⏰ 每日练习第一项

此时此刻，我下定决心，马上从始至终重读一遍本书，并且完成上面的练习。每天要读一章，并且完成附后的练习。对于那些目前我没有涉及的章节，我选择跳过。

对于我来说，最重要的法则是什么？我要首先阅读这一章。

⏰ 每日练习第二项

今天，我要不受打扰地阅读本书开头的《关于赢家的一种描述》。我想培养自己具备这其中的哪些特质？

1._____
2._____
3._____
4._____
5._____

⏰ 每日练习第三项

我要对周围的环境有要求。对于那些对我来说有重要意义的人，我要对他们抱有很高的期望。尽管这样做也行，不会让大家感到舒服，但是我要带领那些人起飞。

我要发展哪五个人？

1._____
2._____
3._____
4._____
5._____

本周我具体要做哪些事情？

1._____
2._____
3._____
4._____
5._____

⏰ 每日练习第四项

我要想一想，自己眼中理想的赢家形象是怎样的？我要在写下记录的同时，找到探索自己深层次的想法和价值的途径。

健康：_____

_____

关系：_____

_____

财务：_____

_____

情感／精神：_____

_____

工作／生活意义：_____

_____

⏰ 每日练习第五项

我明白，并不存在赢家的终极法则，而我必须按照自己的价值观为导向，才能够将我的法则作为自己的生活之路。

对于我来说，生活中有哪些最重要的守则？

1._____

2._____

3._____

4._____

5._____

6._____

7._____

8. _____

9. _____

10. _____

11. _____

12. _____

13. _____

14. _____

15. _____

16. _____

17. _____

18. _____

19. _____

20. _____

> 写下这一步的成功日志 <

针对今天的第三十步法则，我在现实生活中进行了多大程度的应用？

对于我来说，极其成功之处在哪里？

_____

_____

_____

_____

_____

_____

_____

我从这一步中得到的教训：

_____

_____

_____

_____

_____

_____

_____

_____

如何规划你的一周

- 先投入力气解决重大事件。

- 如果你做周计划，那么重大事件相当于将B类活动翻倍，需要你首先进行计划。

- 有些活动，你是不能给出确定时间的。

- 这件事真的很重要吗？

- 请你始终预留出机动时间。

- 请你抽出时间应对突发情况。

如何计划你的一天

- 请你回顾之前的一天——请你看一看指南——请你就机遇方面进行思考。

- 请你在计划页上方回答你关于这一天的问题。

- 请你记录下活动。

- 请你确定首要工作。

- 现在，请你将每一项任务记录在每日计划中。（如果你做一周的计划，那么首先记录重大事件——B类活动。如果你做一天的计划，请你首先将A类活动列入空闲区域。）

- 请你给日程设置开始和结束的时间。

- 进行分析评定。

评价以及回顾一周的清单

- 请你始终最先记录下一周想安排日程的日期。

- 我已经实现了哪些目标?

- 我遇到了哪些挑战?

- 我如何驾驭了这些挑战?

- 我是否已经实现了生活方面五年之内的目标?

- 现阶段,当我进行计划时,我是否能够更好地利用时间进行决策?

- 有哪些目标我没有实现? 为什么?

- 在接下来的一周,有哪些未完成的目标需要我继续完成?

- 我进行了主动行动,还是被动做出了反应?

- 我学到了什么?

- 我是否做到了不断学习和发展?

- 我最近一次独自完成了哪些事?

- 我在过去的一周中彻底学到了什么?

- 我是否践行了自己的生命意义?

- 我是否将自己定义为专家,或者说,我是否研究了自我定位的策略。

财务自由之路上最重要的驿站

1. 请你坚定目标。请你确定自己想要的生活状态，确定为达到这样的生活状态需要的金钱。你需要承担责任：能否实现你的目标，一切的一切都取决于你自己。

2. 请你想清楚，关于金钱，你坚信哪些信条？请你用有用的替换掉一切阻碍你发展的信条。只有追随着肯定财富的信条，你才能够"神奇地"吸引到金钱。

3. 请你"训练"自己处理金钱。请你始终随身携带500欧元，并把现金放在保险柜中。为了得到视觉上的快感，你要时不时地打开保险柜看看这些现金。

4. 请你通过建立自信以及为完成任务合理付出的方式提高你的收入。请你记录一个成功日志，以此来记录你付出的努力。还有更快的方式：你可以额外将自己定位成专家，并为自己找一位教练。只有达到上面两个基础条件，从而使你的收入达到爆炸式增长，你才能够获得7年之内的第一个100万。

5. 请你避免任何形式的消费债。如果你有这方面债务，那么请遵循"50/50原则"：请你最多拿出每个月收入剩余中50%的部分，也就是说不是生活必需的部分，来偿还你的负债。请你始终尽可能选择最少的偿还率。

6. 请你至少节省下净收入的10%（对于想快速实现财务方面成功的人，至少要25%）。请你额外再建立一个存钱账户，借助三账户模式建立一个系统，以此来"强迫"自己省钱，并以此得到乐趣。每次加薪，也请你从增加的薪水中额外再节省50%。

7. 请将你的钱按照《轻轻松松变富翁》书中写到的6项风险进行定级。为此，你要考虑到你的目标，你的财富状况，你的投资风格以及财富前景。请你将用于增值的那一部分金钱投资到无形资产中（股票及股票基金）。

8. 请你对于投资进行全面规划，形成计划（比如说，借助前面提到的书籍），然后推进。把自己和情感分开，或者说将你的情感和金钱划清界限。你要为自己找一个好的财富咨询师。

9. 请你定期捐赠一定数量金额的钱财。随着你财富的增长，你对他人的责任也有所增长。只有这样，你才能够真正享受到金钱带来的乐趣。

风险分配

最佳的投资策略并非取决于你的目标和财产状况，而是取决于你对于风险的预期。为此，博多·舍费尔总结了四种投资风格（请参见图书《轻轻松松变富翁》）：

投资风格A：你对于安全感有着十分强烈的需求。你的谨慎也许使你在生活中规避了许多风险以及低级错误。而作为投资者，你也是趋向于有保障的投资。

投资风格B：作为一个普通人以及投资者，你从根本上看是相对保守的。你宁愿不去冒险。你将投资重点放在更加稳健的产品，比如说储蓄存款、人寿保险、公积金存款及养老金。但是你已经准备好拿出资产的一小部分购买保守的股票及股票基金进行投资。

投资风格C：冒险是你生活的一部分，这不是说你有着不必需的鲁莽。作为投资者，你能够很好地将保守理财和积极投资相结合。对于你来说，你可以平衡地划分有形资产投资以及货币资产投资。

投资风格D：你热爱风险。对于你来说没有绝对的安全感，只有机遇。你拒绝承认顾问给予你关于害怕的建议。作为投资者，你想取的尽可能高的收益，并且为此下意识地参与风险投资。

下面，你会看到不同投资风格对于风险分配的建议。

针对投资风格A的风险分配建议

投资形式	财产状况		
	财务保护（第一阶段）	财务安全（第二阶段）	财务自由（第三阶段）
不动产最多占比	0%	35%—60%	40%—60%
风险等级1—3	70%	50%	50%
风险等级4	30%	50%	40%
风险等级5&6	0%	0%	10%

针对投资风格B的风险分配建议

投资形式	财产状况		
	财务保护（第一阶段）	财务安全（第二阶段）	财务自由（第三阶段）
不动产最多占比	0%	35%—50%	40%—50%
风险等级1—3	60%	50%	40%
风险等级4	40%	40%	40%
风险等级5&6	0%	10%	20%

针对投资风格C的风险分配建议

投资形式	财产状况		
	财务保护（第一阶段）	财务安全（第二阶段）	财务自由（第三阶段）
不动产最多占比	0%	25%—40%	30%—35%
风险等级1—3	55%	40%	30%
风险等级4	35%	40%	35%
风险等级5&6	10%	20%	35%

针对投资风格D的风险分配建议

投资形式	财产状况		
	财务保护（第一阶段）	财务安全（第二阶段）	财务自由（第三阶段）
不动产最多占比	0%	20%—30%	25%—30%
风险等级1—3	50%	40%	20%
风险等级4	35%	30%	30%
风险等级5&6	15%	30%	50%

你每年一度的财务日

每年，你应该拿出一天半或者两个整天的时间来对你的投资组合情况进行更新，并完成一些重要的任务。首先请你考虑一下，在过去的一年中，你的投资发展如何？然后，请你计划下一年的投资。

1.审视你的目标。预算一下，为了实现这样的目标需要多少财务方面成本。

2. 计算一下，在过去的一年中，你的财产实现了怎样的变化。再进一步预计一下，如果以目前的速度，在未来15至20年会有怎样的变化？

3. 反思一下你关于金钱的信条。你的观点是否发生了哪些变化？

4. 检查你关于财富增长的策略。请你记录成书：你的财富增长了多少？你是否定期更新了成功日志？把你最大的成功列成清单，其中包含从上一年总结出来的最重要的教训。在哪些方面可以做得更好？你是否做了自己热爱的事情？如何能够从工作中得到更多的乐趣？你交办他人处理的事情是否足够多？

5. 请你重新建立一个预算计划。请列出每一个月以及周期性的经常开支。并且问一问自己，在哪些方面有所超支？自己如何能够保持在同样生活水平的情况下，花费得更少？

6. 在必要情况下，检查并修改你的账户模式。

7. 从投资风格、财产状况以及投资前景方面审视你的组合投资。请每年进行一次《轻轻松松变富翁》书中的风险测试——你的风险认知是会有所改变的！这需要你拿出必要的谨慎精神。

8. 和你的投资顾问打一通长时间的电话，或者亲自约时间见面。你可以和他谈谈财务日可能的收获。如果你已经从中得出计划，那么请你检查一下这个计划，也就是说将其整理进下一年计划中。

9. 检查一下你的知识以及时间投入：在过去的一年中，你阅读过多少本财经方面的书籍或者专业杂志？在这方面你投入了多少时间？你的社交也属于获得的实践知识：在过去的一年中，你新结识了多少拥有财富的人或者专家？你保留了这其中多少人的联系方式？

10. 你享受金钱吗？你是否有一颗感恩的心？请你将过去一年中，你所感激的事情列出清单。而你又捐出了多少钱？

11. 现在，请你计划在即将到来的一年中，如何改善财务状况。在明年年末，你想达到怎样的财经状况？请你学会掌控自己的生活。通过有针对性地将项目付诸实施,你的自我意识也有了很大的提高。

问题的3种形式和解决问题的6个实用步骤

一般来说，问题具有以下不同的形式：

1.我们可以进行直接控制的问题。针对这些问题，我们要通过改变习惯进行解决。比如说，我们能否很好地处理金钱，就是同我们的习惯密切相关，习惯决定了我们进行储蓄，或者是把钱全部花完。这一切都仅仅取决于我们自己。

2.有些问题，我们只能进行间接控制。对于这些问题，我们要通过拓展影响范围来解决。

3.还有些问题，是我们没有办法控制的。对于这种情况，我们能做的只是控制我们自己，包括我们的感觉、反应。最好的应对措施就是无论事情如何都报之一笑。

一旦问题出现了，最好能马上想一想，自己此时此刻能做些什么。过去的事情再也不能改变了。尽可能快地想一想如何使事情重新步入正轨才是重要的。为了帮助你解决问题，请你尽快问问自己如下问题——这也是解决问题的6个实用步骤：

1.这个问题有哪些好的方面？

如果你此刻大脑空白，没有任何想法，那么请想一想这个问题可能有哪些好的方面？这样，你就可以马上集中精力思考该问题带来的教训。我们每个人都会接受教训，但不是所有人都会去寻找教训。

2.在我的生活中还有哪些地方并不完美，以至于这样的问题随时可能发生？

这个问题可以防止你不把自己看成孤立无援的受害者,或者有人故意为难你。这样的想法毫无助益。更加有益的做法是你知道自己能够做些什么，避免问题再发生。

3.我目前能够做些什么，以防止未来不落入这样的境地？

最乐观的情况是，你不仅解决了问题，而且使未来不再发生这样的问题。有些问题只需要通过简单的行为方式的改变就可以解决。

4.有哪些可能的解决办法？这时候请你接受能力更强的人的建议。

请你注意的是，在描述问题的时候请抓住问题的根本。你要的是建议，而不是同情。为了得到"理解"而去讲述问题，就好比把肥料浪费在杂草上。

5.哪种解决办法才是最佳的?

请不要过度回首过去。过去的事情你不可能做任何改变。自暴自弃也无助于事。请你面向未来，专注于问题的解决。

6.我怎样才能在解决问题的过程中获得有趣？

如果一个人受制于自己的问题，那么他不会感觉到自己的价值。那些解决了全部问题才开始享受生活的人也不会过得很快乐。生活通常是由一连串问题组成的。尽管你在挫折面前仍然面带微笑，保持乐观，还是会有人说你这是精于世故，鲜有感性。但实际上这样说的背后是嫉妒使然，是因为你处理问题能够手到擒来的态度。

面对压力的24条规则

在一定控制范围内的压力是一种健康的、积极的力量。下面的规则将帮助你在繁杂的工作面前保持放松和安定：

1.最重要的规则在于，你的关注点要完全放在正在处理的事情上面。如果你在吃东西，那就专心致志地吃（而不要去读书）。永远都不要同时处理两件甚至三件事情。欢乐的秘密在于，完全投入身处的环境中。

2.让自己慢下来。你要自己确定工作节奏，使自己感到舒适。

3.要拿出时间给生命中最根本的事物。请你计划好每一周、每一天。

4.请你不要把日程安排得过于紧张。那些做得太多的人，只能下意识地给出反应，就好像受到强迫一样。

5.学会让自己和外界分离。就算是最亲近的人也可能会带来压力。一个"请勿打扰"的牌子，不仅仅适用于酒店房间。

6.请你计划出足够的时间，做到准时。匆匆忙忙通常会带来压力。

7.要避免自己过大的野心，不要让自己陷于对完美的过度追求中。

8.如果取得了成功，请为自己感到高兴。要休息一下，庆祝一下。要心存感激和幸福。请充分享受这种感觉。

9.不要期待长期的成功。请接收这样的事实，天有冬夏，地有山谷，人生有起伏。

10.不要把自己看得太重要。如此，人们不会轻易对你感到失望，也不会很快迁怒于你。当名利、失败、赞扬和职责都不能影响你，那样你才拥有了内心的真正平和。

11.对未来不必要的忧虑会影响到你的专注力并产生压力。你需要将所有的能量投入此时此刻。

12.请你保持整洁的习惯。那些书桌上井然有序的人更能保持专注。在开始处理下一件事前，请整理书桌，保持整洁。

13.请你学会享受正在从事的一切工作。如果我们放下包袱去努力做一些好事，乐趣就会随之而来。请你投入全身心去做事。这样就算是日常重复性的工作也会给你带来乐趣的。

14.请你确定休息的时间，并且严格遵守时间休息。如果你觉得没有时间停下来休息，那你真的需要休息了。

15.请你采取行动，审时度势。但是，有些事情也需要放手让别人做。一直想处于控制地位是很有压力的。

16.如果你觉得要做的事情实在太多，那么就请你将待办的事件写下来。大多数情况，写下一个待办记录并不会太麻烦。然后你可以按照事件的轻重缓急进行安排。

17.学会委托。请你问问自己，谁能够接替你。你要学着将工作和责任分给他人。给他人犯错的机会因为并不是你要自己完成一切的事情。

18.每天的每个部分日程应该是固定的。日常自律有助于达到内在的平衡。

19.时不时傻笑一下。笑一笑减轻精神上的压力。那些学会大笑的人，才是世界的王者。

20.如果你是那种渴求成功的人：请你时不时地毫无目的地做一些事情，并不是你做的事情都一定要有意义。享受一下轻松。

21.要避免辅助功能缺陷的发生。有些人把偶尔关掉手机视为一项大的成就。也许偶尔打开手机是一种更好的选择。

22.做自己文化生活的主人。享受自己的业余时间、亲密关系、娱乐项目……为自己的健康和让自己感觉舒适的情感而投资。

23.定期给自己一天时间"宅起来"。上次你在床上宅了一整天是什么时候呢？

24.不要试着将所有的规则都付诸实践——那样的压力就太大了。

应对恐惧的10个建议

如果你有所恐惧，那么请你读一读以下10个建议：

1.请你问一问自己，有哪些恐惧是来自我的过去？那么你就会清楚地知道，最多只有5%的恐惧会变成现实。思考一下，是不是你的恐惧都是合理的，还是说你只是在做无谓的担忧。

2.请写下5件你心存感激的事物。请这样对自己说：至今为止一切都很顺利，我同样可以完成这个任务的。

3.我们所恐惧的大部分事情，通常出现在未来。这些事情丝毫不影响当下的今天。那么，我们为什么要在今天就苦于其中？

4.你要知道，自己能够过好今天，明天也一样。生活就是由一天又一天串联起来的。

5.如果你有挥之不去的恐惧，那么请尽快和一位成功人士聊一聊。在成功人士面前我们很难再有恐惧。请你思考一下，某个特别的人士会怎样做？

6.放手去做。也许当你内心充满恐惧时，是很难去做什么的。但正因如此，行动起来就更加重要。因为一旦我们束手无策时，连串的恐惧带来的压力才是最大的。

7.永远不要问自己是否能完成任务。请这样问自己：我怎样才能完成它？无论发生什么，你总是能够找到答案的。

8.请你"培养"积极的观念。想象着你自编自导的电影有一个美好的结局。

9.听振奋人心的音乐吧。这样恐惧就会被光明照亮。

10.看一看你的成功日志。这样你就能很快了解到自己有多棒，根本不需要过多忧虑。

给予他人所需的24条金规

下面的规则是写给那些指路人的规则，为的是去指导指路人给予他人所需。我们遵守这些规则，那么我们关系账户的存款也会有所增加。

1. 在你有能力的时候，请你不遗余力地去鼓励他人。去称赞他的成功——尽管这种成功很渺小。赞扬就好像阳光。没有阳光，我们不能够成长。再多的赞扬也不会多余。

2. 总是给对方保留颜面。不要让任何人感到尴尬，不要贬低任何人，也不要夸大他人的错误。

3. 当一个人不在场的时候，要对他人讲关于此人积极的方面。如果你想不到关于该人积极的方面，那么就保持沉默。

4. 请你仔细观察他人，那么他做的一些好事就会引起你的注意。当你赞扬他的时候，你就有更加充分的理由做基础。这样，赞扬的话就不会有谄媚之嫌。

5. 总是要呼吁他人要有高尚的品格和动机。每个人都想保持宽宏大量，忘我无私。如果你希望谁变得更加优秀，那么就请你这样对待他，就好像他已经具备了这些品质一样。那么他一定会不遗余力地去努力，不让你感到失望。

6. 尽量不去评论他人，不得不评论时也尽量采取间接的方式。坚持对事不对人。你要向他人表明，你是希望彼此坦诚相见，你是希望帮助他的。永远不要以书面的方式批评他人。

7. 对他人宽容大度。不要进行炫耀，而要坦承自身的弱点。谨言慎行。如果你想树敌，那么就去打击别人；如果你想结交朋友，就得饶人处且饶人。

8. 当你犯了错误时，就及时去道歉。如果等待你的是一通训斥，那么就主动负荆请罪。

9. 请你给出建议，而不是下达命令。这样你才能促进合作，而不是挑起矛盾。

10. 当别人生气的时候，表现出理解。他人的怨怒常常是请求注意的信号。请给予他人需要的同情心和关注力。

11. 请你尽量少言语。给予他人阐述的机会，做一个优秀的倾听者。

12. 请让别人相信，创意来源于他本人。一个优秀的想法为谁所有，是无关紧要的。每个人更愿意按照其自己的意愿行事。海纳百川，有容乃大。

13. 请不要打断别人。尽管你认为他讲得毫无道理可言，请你也不要这样做。只要他心中有思想，就不会听从你的。

14.请你尝试着站在他人角度看待问题。印第安人有谚云：先穿上别人的莫卡辛鞋[莫卡辛鞋：美洲原住民的一种传统鞋类。——译者注]走一公里再说。请扪心自问：他所作所为的原因是什么？理解了一切，就意味着宽容一切。

15.永远不要试图占理。你可以用一种更明智的方式，但是请不要对他人讲出来。请你坦白地说，自己可能出错——这样就不会有争吵了。

16.请你经常赠予他人一些小礼物——可以是没有什么理由的。请用一种具有创意的方式结交朋友。这种有创意的礼物能够让他人感受到你的心意，以及你为他们着想。

17.发生矛盾的时候，请你保持冷静。请你先坦率地倾听，并寻找共识。请你对自己进行反思检讨。并向对方保证考虑他的意见，并对他给予自己的启发致谢。

18.请你坦率地关注他人。请你关心他人，而不是只显示出感兴趣，并把这个作为座右铭。请你展现出自己为对方考虑，怎样帮助对方。

19.请保持微笑。没有人比那些不遗余力为他人带来笑容的人更需要微笑了。

20.提及他人姓名时，请说出他人的全名。这能表明你对他的尊重。每个人都喜欢听到自己的名字——远远超过听到名字的代称。因此就需要你记住他人的姓名。

21.请你学会从别人的角度看待问题。请你问问自己：他真正需要的是什么？我怎样才能够有益于他人？

22.请你注意，在每次谈话中给人带来更好的感觉，包括在电话中也是一样的：首先言及他人，其次是你的公司，最后才是你自己。

23.请你尽快完成交办任务。永远都不要后补。

24.当你想起他人时，请你安静地向他传达你最好的祝愿。

Part 2

专属于你的行动手册

多产且幸福的人生方程

在我 26 岁的时候，我有了一个非同寻常的重要发现——我找到了自己的时间方程。这个方程帮助我将办事效率提高了一倍。并且在不久之后，工作效率又提升了一倍。

更重要的是，我找到了自己的感觉。我有着一种更加强大的能力去集中精力，集合能量。而我的能量也增加了一倍。

我能够实现这些，并没有采用传统意义上的时间管理术，而是我在过往经验中总结的方法，这些方法可以改善我的注意力，提高我的效率，等等。这些方法是如此强大，超出言语表达的范围，我的内心得到了改变。

现在，我将向你展示实现自己人生目标的一个具有独特效果的体系：

- 你会在3个月中将效率提升一倍。

- 你将详细地学习到如何"创造时间"。

- 你将摆脱忙碌状态，获得真正的自由。

- 你将获得专属于自己的时间。

- 你将有时间与那些对你来说重要的人相处。

- 你将变得富有创造力，很幸福，而且可以做些有意义的事情。

重要节日

公历		农历	
1月	1日：元旦	一月	初一：春节
2月	14日：情人节		十五：元宵节
3月	8日：国际劳动妇女节	二月	初二：抬头节
	12日：中国植树节	三月	清明节
	15日：国际消费者权益日	四月	初八：浴佛节
4月	1日：国际愚人节	五月	初五：端午节
5月	1日：国际劳动节	六月	
	4日：中国青年节	七月	初七：七夕情人节
	8日：世界红十字日	八月	十五：中秋节
	12日：护士节	九月	初九：重阳节
	31日：世界无烟日	十月	初一：寒衣节
	第二个星期日：母亲节	十一月	
6月	1日：国际儿童节	十二月	初八：腊八节
	23日：国际奥林匹克日		二十三：小年
	26日：国际禁毒日		二十九或三十：除夕
	第三个星期日：父亲节	重要纪念日	
7月	1日：建党节		
8月	1日：建军节		
9月	10日：中国教师节		
	21日：国际和平日		
	27日：世界旅游日		
10月	1日：国庆节		
	16日：世界粮食日		
	24日：联合国日		
11月	第四个星期四：感恩节		
12月	24日：平安夜		
	5日：圣诞节		

_____年度个人假期计划

从_____到_____结束，总计天数_____天，相当于_____天工作日

计划

从_____到_____结束，总计天数_____天，相当于_____天工作日

计划

从_____到_____结束，总计天数_____天，相当于_____天工作日

计划

从_____到_____结束，总计天数_____天，相当于_____天工作日

计划

从_____到_____结束，总计天数_____天，相当于_____天工作日

计划

仅仅知道如何做一件事是不够的，

必须身体力行去做，

就像运动员和音乐家那样，

对于理论上清楚知晓的事情，

不断地进行练习。

——博多·舍费尔

Goal

_____

_____

_____

_____

_____

_____

_____

_____

_____

10年目标

	日期	
目标是什么		
如何实现目标		
实现了怎样的目标		

5年目标

	日期	
目标是什么		
如何实现目标		
实现了怎样的目标		

明白什么是正确的，

却没有身体力行地去实施，

就是怯懦的表现。

——博多·舍费尔

指南针

身　份

生活的意义

使命宣言

价　值

信　念

_____年 年度计划

健康方面		
必须要做到 A	计划做到（不是必须）B	期待做到（不想忘记）C

每天的计划

每周的计划

每月的计划

调整的计划

_____年 年度计划

关系方面		
必须要做到 A	计划做到（不是必须）B	期待做到（不想忘记）C

每天的计划

每周的计划

每月的计划

调整的计划

_____年 年度计划

财经方面		
必须要做到 A	计划做到（不是必须）B	期待做到（不想忘记）C

每天的计划

每周的计划

每月的计划

调整的计划

_____年 年度计划

情感方面		
必须要做到 A	计划做到（不是必须）B	期待做到（不想忘记）C

每天的计划

调整的计划

每周的计划

每月的计划

_____年 年度计划

生活意义/工作方面		
必须要做到 A	计划做到（不是必须）B	期待做到（不想忘记）C

每天的计划

调整的计划

每周的计划

每月的计划

_____年 年度计划的笔记

□
□
□

行为原则

如果一个人价值感明确，那么他就很容易做出选择。请你记录下在你价值观指导下自己的行为原则。（例如："如果我不能完成某事，我一定会……"或者"我不会把自己看得太重要"）。

☐

☐

☐

_____年给我带来的教训

_____年我最大的成功

_____年给我带来的教训

- ☐
- ☐
- ☐

_____年我最大的成功

- ☐
- ☐
- ☐

关于成功的问题

1.在我目前的职业生涯和个人生活中，我在哪些方面是极其幸运的？

2.是什么让我充满动力？

3.是什么让我拥有十足的自信？

4.我信任谁？谁又信任我？

5.目前是什么让我感到备受鼓舞？

6.目前的生活中，什么最让我感觉到骄傲？

7.目前的生活中，什么最让我感觉到备受感激？

8.目前的生活中，我最享受的事情是什么？

9.目前我有哪些责任？

10.我爱着谁？谁爱着我？

11.当下的今天是怎样一个机会？

12.我今天/昨天有哪些付出？

13.我今天充实了谁的生活？

14.我希望学到什么？

15.当下的今天/昨天是怎样充实了我的生活，我怎样才能为今后的生活充分利用这一天？

16.有哪些事情我从心底感觉到喜悦？

箴言（长期）：

身份	生活意义/任务	价值/角色/信念
长期目标（10年）	中期目标（2—5年）	短期目标（1年）

本周首要工作

如果我明白自己渴望成功，那么本周（今天）我要做什么？

重点（本周）：

健康	活动时间安排	何时（60-60-20）	目标/结果/原因

关系	我能够主导什么？		

财经	成功日志：我取得过哪些成功——成功事件，心得		

关系			

生活意义，工作，精神	有哪些事情让我感觉到喜悦？		
	我学到了哪些事情？		

星期一	星期二	星期三
为什么当下的今天是一次机遇？		
今天最重要的任务（6 0 - 6 0 - 2 0）		
有哪些我不太喜欢的事情？		
有哪些事情让我心怀感激？		
我学到了哪些事情？	任务（我可以为自己或者其他人带来哪些喜悦？）	

星期四	星期五	星期六
为什么当下的今天是一次机遇？		
今天最重要的任务（６０－６０－２０）		
有哪些我不太喜欢的事情？		
有哪些事情让我心怀感激？		

		星期日
		我要这样计划自己的下一周：

任务（我可以为自己或者其他人带来哪些喜悦？）		

箴言（长期）：

身份	生活意义/任务	价值/角色/信念

长期目标（10年）	中期目标（2—5年）	短期目标（1年）

本周首要工作

如果我明白自己渴望成功，那么本周（今天）我要做什么？

重要节日:

重点（本周）:

健康	活动时间安排	何时（60-60-20）	目标/结果/原因

关系	我能够主导什么?		

财经	成功日志：我取得过哪些成功——成功事件，心得		
关系			

生活意义，工作，精神	有哪些事情让我感觉到喜悦?		
	我学到了哪些事情?		

星期一	星期二	星期三
为什么当下的今天是一次机遇？		
今天最重要的任务（60-60-20）		
有哪些我不太喜欢的事情？		
有哪些事情让我心怀感激？		
我学到了哪些事情？	任务（我可以为自己或者其他人带来哪些喜悦？）	

星期四	星期五	星期六
为什么当下的今天是一次机遇？		
今天最重要的任务（6 0－6 0－2 0）		
有哪些我不太喜欢的事情？		
有哪些事情让我心怀感激？		

		星期日
		我要这样计划自己的下一周：
任务（我可以为自己或者其他人带来哪些喜悦？）		

箴言（长期）：

身份	生活意义/任务	价值/角色/信念
长期目标（10年）	**中期目标（2—5年）**	**短期目标（1年）**

本周首要工作

如果我明白自己渴望成功，那么本周（今天）我要做什么?

重要节日：

重点（本周）：

健康	活动时间安排	何时（60-60-20）	目标/结果/原因

关系	我能够主导什么？		

财经	成功日志：我取得过哪些成功——成功事件，心得		
关系			

生活意义，工作，精神	有哪些事情让我感觉到喜悦？		
	我学到了哪些事情？		

星期一	星期二	星期三
为什么当下的今天是一次机遇？		
今天最重要的任务（60-60-20）		
有哪些我不太喜欢的事情？		
有哪些事情让我心怀感激？		
我学到了哪些事情？	任务（我可以为自己或者其他人带来哪些喜悦？）	

星期四	星期五	星期六
为什么当下的今天是一次机遇？		
今天最重要的任务（60-60-20）		
有哪些我不太喜欢的事情？		
有哪些事情让我心怀感激？		

		星期日
		我要这样计划自己的下一周：
任务（我可以为自己或者其他人带来哪些喜悦？）		

箴言（长期）：

身份	生活意义/任务	价值/角色/信念
长期目标（10年）	中期目标（2—5年）	短期目标（1年）

本周首要工作

如果我明白自己渴望成功，那么本周（今天）我要做什么？

重要节日：

重点（本周）：

健康	活动时间安排	何时（60-60-20）	目标/结果/原因
关系	我能够主导什么？		
财经	成功日志：我取得过哪些成功——成功事件，心得		
关系			
生活意义，工作，精神	有哪些事情让我感觉到喜悦？		
	我学到了哪些事情？		

星期一	星期二	星期三
为什么当下的今天是一次机遇？		
今天最重要的任务（60-60-20）		
有哪些我不太喜欢的事情？		
有哪些事情让我心怀感激？		
我学到了哪些事情？	任务（我可以为自己或者其他人带来哪些喜悦？）	

星期四	星期五	星期六
为什么当下的今天是一次机遇？		
今天最重要的任务（60-60-20）		
有哪些我不太喜欢的事情？		
有哪些事情让我心怀感激？		
		星期日
		我要这样计划自己的下一周：
仟务（我可以为自己或者其他人带来哪些喜悦？）		

箴言（长期）：

身份	生活意义/任务	价值/角色/信念

长期目标（10年）	中期目标（2—5年）	短期目标（1年）

本周首要工作

如果我明白自己渴望成功，那么本周（今天）我要做什么？

重要节日：

重点（本周）：

健康	活动时间安排	何时（60-60-20）	目标/结果/原因
关系	我能够主导什么？		
财经	成功日志：我取得过哪些成功——成功事件，心得		
关系			
生活意义，工作，精神	有哪些事情让我感觉到喜悦？		
	我学到了哪些事情？		

星期一	星期二	星期三
为什么当下的今天是一次机遇？		
今天最重要的任务（6 0 - 6 0 - 2 0）		
有哪些我不太喜欢的事情？		
有哪些事情让我心怀感激？		
我学到了哪些事情？	任务（我可以为自己或者其他人带来哪些喜悦？）	

星期四	星期五	星期六
为什么当下的今天是一次机遇？		
今天最重要的任务（60-60-20）		
有哪些我不太喜欢的事情？		
有哪些事情让我心怀感激？		

	星期日
	我要这样计划自己的下一周：

任务（我可以为自己或者其他人带来哪些喜悦？）	

箴言（长期）：

身份	生活意义/任务	价值/角色/信念

长期目标（10年）	中期目标（2—5年）	短期目标（1年）

本周首要工作

如果我明白自己渴望成功，那么本周（今天）我要做什么？

重要节日：

重点（本周）：

健康	活动时间安排	何时（60-60-20）	目标/结果/原因
关系	我能够主导什么？		
财经	成功日志：我取得过哪些成功——成功事件，心得		
关系			
生活意义，工作，精神	有哪些事情让我感觉到喜悦？		
	我学到了哪些事情？		

星期一	星期二	星期三
为什么当下的今天是一次机遇?		
今天最重要的任务（6 0 - 6 0 - 2 0）		
有哪些我不太喜欢的事情?		
有哪些事情让我心怀感激?		
我学到了哪些事情?	任务（我可以为自己或者其他人带来哪些喜悦?）	

星期四	星期五	星期六
为什么当下的今天是一次机遇？		
今天最重要的任务（60-60-20）		
有哪些我不太喜欢的事情？		
有哪些事情让我心怀感激？		

		星期日
		我要这样计划自己的下一周：
任务（我可以为自己或者其他人带来哪些喜悦？）		

箴言（长期）：

身份	生活意义/任务	价值/角色/信念

长期目标（10年）	中期目标（2—5年）	短期目标（1年）

本周首要工作

如果我明白自己渴望成功，那么本周（今天）我要做什么？

重点（本周）：

健康	活动时间安排	何时（60-60-20）	目标/结果/原因

关系	我能够主导什么？		

财经	成功日志：我取得过哪些成功——成功事件，心得		
关系			

生活意义，工作，精神	有哪些事情让我感觉到喜悦？		
	我学到了哪些事情？		

星期一	星期二	星期三
为什么当下的今天是一次机遇？		
今天最重要的任务（6 0 - 6 0 - 2 0）		
有哪些我不太喜欢的事情？		
有哪些事情让我心怀感激？		
我学到了哪些事情？	任务（我可以为自己或者其他人带来哪些喜悦？）	

星期四	星期五	星期六
为什么当下的今天是一次机遇？		
今天最重要的任务（60-60-20）		
有哪些我不太喜欢的事情？		
有哪些事情让我心怀感激？		

		星期日
		我要这样计划自己的下一周：
任务（我可以为自己或者其他人带来哪些喜悦？）		

箴言（长期）：

身份	生活意义/任务	价值/角色/信念

长期目标（10年）	中期目标（2—5年）	短期目标（1年）

本周首要工作

如果我明白自己渴望成功，那么本周（今天）我要做什么？

重要节日：

重点（本周）：

健康	活动时间安排	何时（60-60-20）	目标/结果/原因

关系	我能够主导什么？		

财经	成功日志：我取得过哪些成功——成功事件，心得		
关系			

生活意义，工作，精神	有哪些事情让我感觉到喜悦？		
	我学到了哪些事情？		

星期一	星期二	星期三
为什么当下的今天是一次机遇?		
今天最重要的任务（60-60-20）		
有哪些我不太喜欢的事情?		
有哪些事情让我心怀感激?		
我学到了哪些事情?	任务（我可以为自己或者其他人带来哪些喜悦?）	

星期四	星期五	星期六
为什么当下的今天是一次机遇？		
今天最重要的任务（60-60-20）		
有哪些我不太喜欢的事情？		
有哪些事情让我心怀感激？		

		星期日
		我要这样计划自己的下一周：
任务（我可以为自己或者其他人带来哪些喜悦？）		

箴言（长期）：

身份	生活意义/任务	价值/角色/信念
长期目标（10年）	中期目标（2—5年）	短期目标（1年）
本周首要工作		
如果我明白自己渴望成功，那么本周（今天）我要做什么？		

重要节日：

重点（本周）：

健康	活动时间安排	何时（60-60-20）	目标/结果/原因
关系	我能够主导什么？		
财经	成功日志：我取得过哪些成功——成功事件，心得		
关系			
生活意义，工作，精神	有哪些事情让我感觉到喜悦？		
	我学到了哪些事情？		

星期一	星期二	星期三
为什么当下的今天是一次机遇？		
今天最重要的任务（6 0 - 6 0 - 2 0）		
有哪些我不太喜欢的事情？		
有哪些事情让我心怀感激？		
我学到了哪些事情？	任务（我可以为自己或者其他人带来哪些喜悦？）	

星期四	星期五	星期六
为什么当下的今天是一次机遇？		
今天最重要的任务（60-60-20）		
有哪些我不太喜欢的事情？		
有哪些事情让我心怀感激？		

		星期日
		我要这样计划自己的下一周：
任务（我可以为自己或者其他人带来哪些喜悦？）		

箴言（长期）：

身份	生活意义/任务	价值/角色/信念
长期目标（10年）	中期目标（2—5年）	短期目标（1年）

本周首要工作

如果我明白自己渴望成功，那么本周（今天）我要做什么?

重点（本周）：

健康	活动时间安排	何时（60-60-20）	目标/结果/原因

关系	我能够主导什么？		

财经	成功日志：我取得过哪些成功——成功事件，心得		
关系			

生活意义，工作，精神	有哪些事情让我感觉到喜悦？		
	我学到了哪些事情？		

星期一	星期二	星期三
为什么当下的今天是一次机遇?		
今天最重要的任务（6 0 - 6 0 - 2 0）		
有哪些我不太喜欢的事情?		
有哪些事情让我心怀感激?		
我学到了哪些事情?	任务（我可以为自己或者其他人带来哪些喜悦?）	

星期四	星期五	星期六
为什么当下的今天是一次机遇？		
今天最重要的任务（60-60-20）		
有哪些我不太喜欢的事情？		
有哪些事情让我心怀感激？		

	星期日
	我要这样计划自己的下一周:

任务（我可以为自己或者其他人带来哪些喜悦?）		

箴言（长期）：

身份	生活意义/任务	价值/角色/信念

长期目标（10年）	中期目标（2—5年）	短期目标（1年）

本周首要工作

如果我明白自己渴望成功，那么本周（今天）我要做什么?

重点（本周）:

健康	活动时间安排	何时（60-60-20）	目标/结果/原因

关系	我能够主导什么?		

财经	成功日志: 我取得过哪些成功——成功事件, 心得		
关系			

生活意义, 工作, 精神	有哪些事情让我感觉到喜悦?		
	我学到了哪些事情?		

星期一	星期二	星期三
为什么当下的今天是一次机遇？		
今天最重要的任务（６０－６０－２０）		
有哪些我不太喜欢的事情？		
有哪些事情让我心怀感激？		
我学到了哪些事情？	任务（我可以为自己或者其他人带来哪些喜悦？）	

星期四	星期五	星期六
为什么当下的今天是一次机遇？		
今天最重要的任务（６０-６０-２０）		
有哪些我不太喜欢的事情？		
有哪些事情让我心怀感激？		

		星期日
		我要这样计划自己的下一周：
任务（我可以为自己或者其他人带来哪些喜悦？）		

箴言（长期）：

身份	生活意义/任务	价值/角色/信念
长期目标（10年）	中期目标（2—5年）	短期目标（1年）

本周首要工作

如果我明白自己渴望成功，那么本周（今天）我要做什么?

重要节日：

重点（本周）：

健康	活动时间安排	何时（60-60-20）	目标/结果/原因

关系	我能够主导什么？		

财经	成功日志：我取得过哪些成功——成功事件，心得		
关系			

生活意义，工作，精神	有哪些事情让我感觉到喜悦？		
	我学到了哪些事情？		

星期一	星期二	星期三
为什么当下的今天是一次机遇？		
今天最重要的任务（60-60-20）		
有哪些我不太喜欢的事情？		
有哪些事情让我心怀感激？		
我学到了哪些事情？	任务（我可以为自己或者其他人带来哪些喜悦？）	

星期四	星期五	星期六
为什么当下的今天是一次机遇？		
今天最重要的任务（6 0 - 6 0 - 2 0）		
有哪些我不太喜欢的事情？		
有哪些事情让我心怀感激？		

		星期日
		我要这样计划自己的下一周：
任务（我可以为自己或者其他人带来哪些喜悦？）		

箴言（长期）：

身份	生活意义/任务	价值/角色/信念

长期目标（10年）	中期目标（2—5年）	短期目标（1年）

本周首要工作

如果我明白自己渴望成功，那么本周（今天）我要做什么?

重要节日：

重点（本周）：

健康	活动时间安排	何时（60-60-20）	目标/结果/原因

关系	我能够主导什么？		

财经	成功日志：我取得过哪些成功——成功事件，心得		
关系			

生活意义，工作，精神	有哪些事情让我感觉到喜悦？		
	我学到了哪些事情？		

星期一	星期二	星期三
为什么当下的今天是一次机遇？		
今天最重要的任务（60-60-20）		
有哪些我不太喜欢的事情？		
有哪些事情让我心怀感激？		
我学到了哪些事情？	任务（我可以为自己或者其他人带来哪些喜悦？）	

星期四	星期五	星期六
为什么当下的今天是一次机遇？		
今天最重要的任务（6 0 - 6 0 - 2 0 ）		
有哪些我不太喜欢的事情？		
有哪些事情让我心怀感激？		

星期四	星期五	星期六
		星期日
		我要这样计划自己的下一周：
任务（我可以为自己或者其他人带来哪些喜悦？）		

箴言（长期）：

身份	生活意义/任务	价值/角色/信念
长期目标（10年）	中期目标（2—5年）	短期目标（1年）

本周首要工作

如果我明白自己渴望成功，那么本周（今天）我要做什么？

重要节日:

重点（本周）:

健康	活动时间安排	何时（60-60-20）	目标/结果/原因

关系	我能够主导什么?		

财经	成功日志：我取得过哪些成功——成功事件，心得		
关系			

生活意义，工作，精神	有哪些事情让我感觉到喜悦?		
	我学到了哪些事情?		

星期一	星期二	星期三
为什么当下的今天是一次机遇？		
今天最重要的任务（60-60-20）		
有哪些我不太喜欢的事情？		
有哪些事情让我心怀感激？		
我学到了哪些事情？	任务（我可以为自己或者其他人带来哪些喜悦？）	

星期四	星期五	星期六
为什么当下的今天是一次机遇？		
今天最重要的任务（60-60-20）		
有哪些我不太喜欢的事情？		
有哪些事情让我心怀感激？		

		星期日
		我要这样计划自己的下一周：
任务（我可以为自己或者其他人带来哪些喜悦？）		

箴言（长期）：

身份	生活意义/任务	价值/角色/信念

长期目标（10年）	中期目标（2—5年）	短期目标（1年）

本周首要工作

如果我明白自己渴望成功，那么本周（今天）我要做什么?

重要节日：

重点（本周）：

健康	活动时间安排	何时（60-60-20）	目标/结果/原因
关系	我能够主导什么？		
财经	成功日志：我取得过哪些成功——成功事件，心得		
关系			
生活意义，工作，精神	有哪些事情让我感觉到喜悦？		
	我学到了哪些事情？		

星期一	星期二	星期三
为什么当下的今天是一次机遇？		
今天最重要的任务（６０－６０－２０）		
有哪些我不太喜欢的事情？		
有哪些事情让我心怀感激？		
我学到了哪些事情？	任务（我可以为自己或者其他人带来哪些喜悦？）	

星期四	星期五	星期六
为什么当下的今天是一次机遇？		
今天最重要的任务（6 0 - 6 0 - 2 0）		
有哪些我不太喜欢的事情？		
有哪些事情让我心怀感激？		

		星期日
		我要这样计划自己的下一周：
任务（我可以为自己或者其他人带来哪些喜悦？）		

箴言（长期）：

身份	生活意义/任务	价值/角色/信念

长期目标（10年）	中期目标（2—5年）	短期目标（1年）

本周首要工作

如果我明白自己渴望成功，那么本周（今天）我要做什么?

重点（本周）：

健康	活动时间安排	何时（60-60-20）	目标/结果/原因
关系	我能够主导什么？		
财经	成功日志：我取得过哪些成功——成功事件，心得		
关系			
生活意义，工作，精神	有哪些事情让我感觉到喜悦？		
	我学到了哪些事情？		

星期一	星期二	星期三
为什么当下的今天是一次机遇？		
今天最重要的任务（60-60-20）		
有哪些我不太喜欢的事情？		
有哪些事情让我心怀感激？		
我学到了哪些事情？	任务（我可以为自己或者其他人带来哪些喜悦？）	

星期四	星期五	星期六
为什么当下的今天是一次机遇？		
今天最重要的任务（60-60-20）		
有哪些我不太喜欢的事情？		
有哪些事情让我心怀感激？		

		星期日
		我要这样计划自己的下一周：
任务（我可以为自己或者其他人带来哪些喜悦？）		

箴言（长期）：

身份	生活意义/任务	价值/角色/信念

长期目标（10年）	中期目标（2—5年）	短期目标（1年）

本周首要工作

如果我明白自己渴望成功，那么本周（今天）我要做什么?

重要节日：

重点（本周）：

健康	活动时间安排	何时（60-60-20）	目标/结果/原因

关系	我能够主导什么？		

财经	成功日志：我取得过哪些成功——成功事件，心得		
关系			

生活意义，工作，精神	有哪些事情让我感觉到喜悦？		
	我学到了哪些事情？		

星期一	星期二	星期三
为什么当下的今天是一次机遇？		
今天最重要的任务（60-60-20）		
有哪些我不太喜欢的事情？		
有哪些事情让我心怀感激？		
我学到了哪些事情？	任务（我可以为自己或者其他人带来哪些喜悦？）	

星期四	星期五	星期六
为什么当下的今天是一次机遇？		
今天最重要的任务（60-60-20）		
有哪些我不太喜欢的事情？		
有哪些事情让我心怀感激？		

星期日
我要这样计划自己的下一周：

任务（我可以为自己或者其他人带来哪些喜悦？）

决定人生的人是我自己，而不是其他人

箴言（长期）：

身份	生活意义/任务	价值/角色/信念

长期目标（10年）	中期目标（2—5年）	短期目标（1年）

本周首要工作

如果我明白自己渴望成功，那么本周（今天）我要做什么?

重点（本周）：

健康	活动时间安排	何时（60-60-20）	目标/结果/原因
关系	我能够主导什么？		
财经	成功日志：我取得过哪些成功——成功事件，心得		
关系			
生活意义，工作，精神	有哪些事情让我感觉到喜悦？		
	我学到了哪些事情？		

星期一	星期二	星期三
为什么当下的今天是一次机遇？		
今天最重要的任务（60-60-20）		
有哪些我不太喜欢的事情？		
有哪些事情让我心怀感激？		
我学到了哪些事情？	任务（我可以为自己或者其他人带来哪些喜悦？）	

星期四	星期五	星期六
为什么当下的今天是一次机遇？		
今天最重要的任务（60-60-20）		
有哪些我不太喜欢的事情？		
有哪些事情让我心怀感激？		

		星期日
		我要这样计划自己的下一周：

任务（我可以为自己或者其他人带来哪些喜悦？）		

箴言（长期）：

身份	生活意义/任务	价值/角色/信念

长期目标（10年）	中期目标（2—5年）	短期目标（1年）

本周首要工作

如果我明白自己渴望成功，那么本周（今天）我要做什么?

重点（本周）：

健康	活动时间安排	何时（60-60-20）	目标/结果/原因

关系	我能够主导什么？		

财经	成功日志：我取得过哪些成功——成功事件，心得		
关系			

生活意义，工作，精神	有哪些事情让我感觉到喜悦？		
	我学到了哪些事情？		

星期一	星期二	星期三
为什么当下的今天是一次机遇?		
今天最重要的任务（6 0 - 6 0 - 2 0）		
有哪些我不太喜欢的事情?		
有哪些事情让我心怀感激?		
我学到了哪些事情?	任务（我可以为自己或者其他人带来哪些喜悦?）	

星期四	星期五	星期六
为什么当下的今天是一次机遇？		
今天最重要的任务（60-60-20）		
有哪些我不太喜欢的事情？		
有哪些事情让我心怀感激？		

星期日
我要这样计划自己的下一周：

任务（我可以为自己或者其他人带来哪些喜悦？）		

箴言（长期）：

身份	生活意义/任务	价值/角色/信念

长期目标（10年）	中期目标（2—5年）	短期目标（1年）

本周首要工作

如果我明白自己渴望成功，那么本周（今天）我要做什么？

重点（本周）：

健康	活动时间安排	何时（60-60-20）	目标/结果/原因

关系	我能够主导什么？		

财经	成功日志：我取得过哪些成功——成功事件，心得		
关系			

生活意义，工作，精神	有哪些事情让我感觉到喜悦？		
	我学到了哪些事情？		

星期一	星期二	星期三
为什么当下的今天是一次机遇？		
今天最重要的任务（60-60-20）		
有哪些我不太喜欢的事情？		
有哪些事情让我心怀感激？		
我学到了哪些事情？	任务（我可以为自己或者其他人带来哪些喜悦？）	

星期四	星期五	星期六
为什么当下的今天是一次机遇？		
今天最重要的任务（60-60-20）		
有哪些我不太喜欢的事情？		
有哪些事情让我心怀感激？		

		星期日
		我要这样计划自己的下一周：
任务（我可以为自己或者其他人带来哪些喜悦？）		

箴言（长期）：

身份	生活意义/任务	价值/角色/信念
长期目标（10年）	中期目标（2—5年）	短期目标（1年）

本周首要工作

如果我明白自己渴望成功，那么本周（今天）我要做什么?

重要节日：

重点（本周）：

健康	活动时间安排	何时（60-60-20）	目标/结果/原因

关系	我能够主导什么？		

财经	成功日志：我取得过哪些成功——成功事件，心得		
关系			

生活意义，工作，精神	有哪些事情让我感觉到喜悦？		
	我学到了哪些事情？		

星期一	星期二	星期三
为什么当下的今天是一次机遇？		
今天最重要的任务（６０-６０-２０）		
有哪些我不太喜欢的事情？		
有哪些事情让我心怀感激？		
我学到了哪些事情？	任务（我可以为自己或者其他人带来哪些喜悦？）	

星期四	星期五	星期六
为什么当下的今天是一次机遇？		
今天最重要的任务（60-60-20）		
有哪些我不太喜欢的事情？		
有哪些事情让我心怀感激？		

		星期日
		我要这样计划自己的下一周：
任务（我可以为自己或者其他人带来哪些喜悦？）		

箴言（长期）：

身份	生活意义/任务	价值/角色/信念
长期目标（10年）	中期目标（2—5年）	短期目标（1年）

本周首要工作

如果我明白自己渴望成功，那么本周（今天）我要做什么?

重点（本周）：

健康	活动时间安排	何时（60-60-20）	目标/结果/原因
关系	我能够主导什么？		
财经	成功日志：我取得过哪些成功——成功事件，心得		
关系			
生活意义，工作，精神	有哪些事情让我感觉到喜悦？		
	我学到了哪些事情？		

星期一	星期二	星期三
为什么当下的今天是一次机遇？		
今天最重要的任务（6 0 - 6 0 - 2 0）		
有哪些我不太喜欢的事情？		
有哪些事情让我心怀感激？		
我学到了哪些事情？	任务（我可以为自己或者其他人带来哪些喜悦？）	

星期四	星期五	星期六
为什么当下的今天是一次机遇？		
今天最重要的任务（60-60-20）		
有哪些我不太喜欢的事情？		
有哪些事情让我心怀感激？		

		星期日
		我要这样计划自己的下一周：

任务（我可以为自己或者其他人带来哪些喜悦？）		

箴言（长期）：

身份	生活意义/任务	价值/角色/信念
长期目标（10年）	中期目标（2—5年）	短期目标（1年）

本周首要工作

如果我明白自己渴望成功，那么本周（今天）我要做什么?

重点（本周）：

健康	活动时间安排	何时（60-60-20）	目标/结果/原因

关系	我能够主导什么？		

财经	成功日志：我取得过哪些成功——成功事件，心得		
关系			

生活意义，工作，精神	有哪些事情让我感觉到喜悦？		
	我学到了哪些事情？		

星期一	星期二	星期三
为什么当下的今天是一次机遇？		
今天最重要的任务（6 0 - 6 0 - 2 0）		
有哪些我不太喜欢的事情？		
有哪些事情让我心怀感激？		
我学到了哪些事情？	任务（我可以为自己或者其他人带来哪些喜悦？）	

星期四	星期五	星期六
为什么当下的今天是一次机遇？		
今天最重要的任务（60-60-20）		
有哪些我不太喜欢的事情？		
有哪些事情让我心怀感激？		

	星期日
	我要这样计划自己的下一周：

任务（我可以为自己或者其他人带来哪些喜悦？）	

箴言（长期）：

身份	生活意义/任务	价值/角色/信念

长期目标（10年）	中期目标（2—5年）	短期目标（1年）

本周首要工作

如果我明白自己渴望成功，那么本周（今天）我要做什么？

重点（本周）：

健康	活动时间安排	何时（60-60-20）	目标/结果/原因

关系	我能够主导什么？		

财经	成功日志：我取得过哪些成功——成功事件，心得		
关系			

生活意义，工作，精神	有哪些事情让我感觉到喜悦？		
	我学到了哪些事情？		

星期一	星期二	星期三
为什么当下的今天是一次机遇？		
今天最重要的任务（60-60-20）		
有哪些我不太喜欢的事情？		
有哪些事情让我心怀感激？		
我学到了哪些事情？	任务（我可以为自己或者其他人带来哪些喜悦？）	

星期四	星期五	星期六
为什么当下的今天是一次机遇？		
今天最重要的任务（60-60-20）		
有哪些我不太喜欢的事情？		
有哪些事情让我心怀感激？		

		星期日
		我要这样计划自己的下一周：

任务（我可以为自己或者其他人带来哪些喜悦？）		

箴言（长期）：

身份	生活意义/任务	价值/角色/信念
长期目标（10年）	中期目标（2—5年）	短期目标（1年）

本周首要工作

如果我明白自己渴望成功，那么本周（今天）我要做什么？

重要节日：

重点（本周）：

健康	活动时间安排	何时（60-60-20）	目标/结果/原因

关系	我能够主导什么？		

财经	成功日志：我取得过哪些成功——成功事件，心得		
关系			

生活意义，工作，精神	有哪些事情让我感觉到喜悦？		
	我学到了哪些事情？		

星期一	星期二	星期三
为什么当下的今天是一次机遇?		
今天最重要的任务（6 0 - 6 0 - 2 0）		
有哪些我不太喜欢的事情?		
有哪些事情让我心怀感激?		
我学到了哪些事情?	任务（我可以为自己或者其他人带来哪些喜悦?）	

星期四	星期五	星期六
为什么当下的今天是一次机遇？		
今天最重要的任务（60-60-20）		
有哪些我不太喜欢的事情？		
有哪些事情让我心怀感激？		

		星期日
		我要这样计划自己的下一周：

任务（我可以为自己或者其他人带来哪些喜悦?）		

　　　　　　　　　　　　　　　决定人生的人是我自己，而不是其他人

箴言（长期）：

身份	生活意义/任务	价值/角色/信念
长期目标（10年）	中期目标（2—5年）	短期目标（1年）

本周首要工作

如果我明白自己渴望成功，那么本周（今天）我要做什么?

重要节日：

重点（本周）：

健康	活动时间安排	何时（60-60-20）	目标/结果/原因
关系	我能够主导什么？		
财经	成功日志：我取得过哪些成功——成功事件，心得		
关系			
生活意义，工作，精神	有哪些事情让我感觉到喜悦？		
	我学到了哪些事情？		

星期一	星期二	星期三
为什么当下的今天是一次机遇？		
今天最重要的任务（60-60-20）		
有哪些我不太喜欢的事情？		
有哪些事情让我心怀感激？		
我学到了哪些事情？	任务（我可以为自己或者其他人带来哪些喜悦？）	

星期四	星期五	星期六
为什么当下的今天是一次机遇？		
今天最重要的任务（60-60-20）		
有哪些我不太喜欢的事情？		
有哪些事情让我心怀感激？		

		星期日
		我要这样计划自己的下一周：

任务（我可以为自己或者其他人带来哪些喜悦？）		

箴言（长期）：

身份	生活意义/任务	价值/角色/信念
长期目标（10年）	中期目标（2—5年）	短期目标（1年）

本周首要工作

如果我明白自己渴望成功，那么本周（今天）我要做什么?

重要节日：

重点（本周）：

健康	活动时间安排	何时（60-60-20）	目标/结果/原因
关系	我能够主导什么？		
财经	成功日志：我取得过哪些成功——成功事件，心得		
关系			
生活意义，工作，精神	有哪些事情让我感觉到喜悦？		
	我学到了哪些事情？		

星期一	星期二	星期三
为什么当下的今天是一次机遇？		
今天最重要的任务（60-60-20）		
有哪些我不太喜欢的事情？		
有哪些事情让我心怀感激？		
我学到了哪些事情？	任务（我可以为自己或者其他人带来哪些喜悦？）	

星期四	星期五	星期六
为什么当下的今天是一次机遇？		
今天最重要的任务（6 0 - 6 0 - 2 0）		
有哪些我不太喜欢的事情？		
有哪些事情让我心怀感激？		

		星期日
		我要这样计划自己的下一周：
任务（我可以为自己或者其他人带来哪些喜悦？）		

箴言（长期）：

身份	生活意义/任务	价值/角色/信念
长期目标（10年）	中期目标（2—5年）	短期目标（1年）

本周首要工作

如果我明白自己渴望成功，那么本周（今天）我要做什么?

重要节日：

重点（本周）：

健康	活动时间安排	何时（60-60-20）	目标/结果/原因

关系	我能够主导什么？		

财经	成功日志：我取得过哪些成功——成功事件，心得		
关系			

生活意义，工作，精神	有哪些事情让我感觉到喜悦？		
	我学到了哪些事情？		

星期一	星期二	星期三
为什么当下的今天是一次机遇？		
今天最重要的任务（60-60-20）		
有哪些我不太喜欢的事情？		
有哪些事情让我心怀感激？		
我学到了哪些事情？	任务（我可以为自己或者其他人带来哪些喜悦？）	

星期四	星期五	星期六
为什么当下的今天是一次机遇？		
今天最重要的任务（60-60-20）		
有哪些我不太喜欢的事情？		
有哪些事情让我心怀感激？		
		星期日
		我要这样计划自己的下一周：
任务（我可以为自己或者其他人带来哪些喜悦？）		

箴言（长期）：

身份	生活意义/任务	价值/角色/信念
长期目标（10年）	中期目标（2—5年）	短期目标（1年）

本周首要工作

如果我明白自己渴望成功，那么本周（今天）我要做什么？

重点（本周）：

健康	活动时间安排	何时（60-60-20）	目标/结果/原因

关系	我能够主导什么？		

财经	成功日志：我取得过哪些成功——成功事件，心得		
关系			

生活意义，工作，精神	有哪些事情让我感觉到喜悦？		
	我学到了哪些事情？		

星期一	星期二	星期三
为什么当下的今天是一次机遇？		
今天最重要的任务（60-60-20）		
有哪些我不太喜欢的事情？		
有哪些事情让我心怀感激？		
我学到了哪些事情？	任务（我可以为自己或者其他人带来哪些喜悦？）	

星期四	星期五	星期六
为什么当下的今天是一次机遇？		
今天最重要的任务（60-60-20）		
有哪些我不太喜欢的事情？		
有哪些事情让我心怀感激？		
		星期日
		我要这样计划自己的下一周：
任务（我可以为自己或者其他人带来哪些喜悦？）		

箴言（长期）：

身份	生活意义/任务	价值/角色/信念

长期目标（10年）	中期目标（2—5年）	短期目标（1年）

本周首要工作

如果我明白自己渴望成功，那么本周（今天）我要做什么？

重要节日：

重点（本周）：

健康	活动时间安排	何时（60-60-20）	目标/结果/原因

关系	我能够主导什么？		

财经	成功日志：我取得过哪些成功——成功事件，心得		
关系			

生活意义，工作，精神	有哪些事情让我感觉到喜悦？		
	我学到了哪些事情？		

星期一	星期二	星期三
为什么当下的今天是一次机遇？		
今天最重要的任务（6 0 - 6 0 - 2 0）		
有哪些我不太喜欢的事情？		
有哪些事情让我心怀感激？		
我学到了哪些事情?	任务（我可以为自己或者其他人带来哪些喜悦？）	

星期四	星期五	星期六
为什么当下的今天是一次机遇？		
今天最重要的任务（60-60-20）		
有哪些我不太喜欢的事情？		
有哪些事情让我心怀感激？		

		星期日
		我要这样计划自己的下一周：
任务（我可以为自己或者其他人带来哪些喜悦？）		

篋言（长期）：

身份	生活意义/任务	价值/角色/信念

长期目标（10年）	中期目标（2—5年）	短期目标（1年）

本周首要工作

如果我明白自己渴望成功，那么本周（今天）我要做什么？

重要节日：

重点（本周）：

健康	活动时间安排	何时（60-60-20）	目标/结果/原因
关系	我能够主导什么？		
财经	成功日志：我取得过哪些成功——成功事件，心得		
关系			
生活意义，工作，精神	有哪些事情让我感觉到喜悦？		
	我学到了哪些事情？		

星期一	星期二	星期三
为什么当下的今天是一次机遇?		
今天最重要的任务(60-60-20)		
有哪些我不太喜欢的事情?		
有哪些事情让我心怀感激?		
我学到了哪些事情?	任务(我可以为自己或者其他人带来哪些喜悦?)	

星期四	星期五	星期六
为什么当下的今天是一次机遇？		
今天最重要的任务（6 0 - 6 0 - 2 0）		
有哪些我不太喜欢的事情？		
有哪些事情让我心怀感激？		

星期日
我要这样计划自己的下一周：

任务（我可以为自己或者其他人带来哪些喜悦？）

箴言（长期）：

身份	生活意义/任务	价值/角色/信念
长期目标（10年）	中期目标（2—5年）	短期目标（1年）

本周首要工作

如果我明白自己渴望成功，那么本周（今天）我要做什么？

重要节日：

重点（本周）：

健康	活动时间安排	何时（60-60-20）	目标/结果/原因

关系	我能够主导什么？		

财经	成功日志：我取得过哪些成功——成功事件，心得		
关系			

生活意义，工作，精神	有哪些事情让我感觉到喜悦？		
	我学到了哪些事情？		

星期一	星期二	星期三
为什么当下的今天是一次机遇？		
今天最重要的任务（6 0 - 6 0 - 2 0）		
有哪些我不太喜欢的事情？		
有哪些事情让我心怀感激？		
我学到了哪些事情？	任务（我可以为自己或者其他人带来哪些喜悦？）	

星期四	星期五	星期六
为什么当下的今天是一次机遇？		
今天最重要的任务（60-60-20）		
有哪些我不太喜欢的事情？		
有哪些事情让我心怀感激？		

		星期日
		我要这样计划自己的下一周：
任务（我可以为自己或者其他人带来哪些喜悦？）		

箴言（长期）：

身份	生活意义/任务	价值/角色/信念
长期目标（10年）	中期目标（2—5年）	短期目标（1年）

本周首要工作

如果我明白自己渴望成功，那么本周（今天）我要做什么？

重点（本周）：

健康	活动时间安排	何时（60-60-20）	目标/结果/原因

关系	我能够主导什么？		

财经	成功日志：我取得过哪些成功——成功事件，心得		

关系			

生活意义，工作，精神	有哪些事情让我感觉到喜悦？		
	我学到了哪些事情？		

星期一	星期二	星期三
为什么当下的今天是一次机遇？		
今天最重要的任务（60-60-20）		
有哪些我不太喜欢的事情？		
有哪些事情让我心怀感激？		
我学到了哪些事情？	任务（我可以为自己或者其他人带来哪些喜悦？）	

星期四	星期五	星期六
为什么当下的今天是一次机遇？		
今天最重要的任务（60-60-20）		
有哪些我不太喜欢的事情？		
有哪些事情让我心怀感激？		

	星期日
	我要这样计划自己的下一周：

任务（我可以为自己或者其他人带来哪些喜悦？）	

箴言（长期）：

身份	生活意义/任务	价值/角色/信念
长期目标（10年）	中期目标（2—5年）	短期目标（1年）

本周首要工作

如果我明白自己渴望成功，那么本周（今天）我要做什么？

重点（本周）:

健康	活动时间安排	何时（60-60-20）	目标/结果/原因
关系	我能够主导什么?		
财经	成功日志：我取得过哪些成功——成功事件，心得		
关系			
生活意义，工作，精神	有哪些事情让我感觉到喜悦?		
	我学到了哪些事情?		

星期一	星期二	星期三
为什么当下的今天是一次机遇？		
今天最重要的任务（６０－６０－２０）		
有哪些我不太喜欢的事情？		
有哪些事情让我心怀感激？		
我学到了哪些事情？	任务（我可以为自己或者其他人带来哪些喜悦？）	

星期四	星期五	星期六
为什么当下的今天是一次机遇？		
今天最重要的任务（60-60-20）		
有哪些我不太喜欢的事情？		
有哪些事情让我心怀感激？		

星期日
我要这样计划自己的下一周：

仟务（我可以为自己或者其他人带来哪些喜悦？）	

箴言（长期）：

身份	生活意义/任务	价值/角色/信念
长期目标（10年）	中期目标（2—5年）	短期目标（1年）

本周首要工作

如果我明白自己渴望成功，那么本周（今天）我要做什么？

重点（本周）：

健康	活动时间安排	何时（60-60-20）	目标/结果/原因
关系	我能够主导什么？		
财经	成功日志：我取得过哪些成功——成功事件，心得		
关系			
生活意义，工作，精神	有哪些事情让我感觉到喜悦？		
	我学到了哪些事情？		

星期一	星期二	星期三
为什么当下的今天是一次机遇？		
今天最重要的任务（60-60-20）		
有哪些我不太喜欢的事情？		
有哪些事情让我心怀感激？		
我学到了哪些事情？	任务（我可以为自己或者其他人带来哪些喜悦？）	

星期四	星期五	星期六
为什么当下的今天是一次机遇？		
今天最重要的任务（60-60-20）		
有哪些我不太喜欢的事情？		
有哪些事情让我心怀感激？		

星期日
我要这样计划自己的下一周：

任务（我可以为自己或者其他人带来哪些喜悦？）	

箴言（长期）：

身份	生活意义/任务	价值/角色/信念

长期目标（10年）	中期目标（2—5年）	短期目标（1年）

本周首要工作

如果我明白自己渴望成功，那么本周（今天）我要做什么？

重点（本周）：

健康	活动时间安排	何时（60-60-20）	目标/结果/原因

关系	我能够主导什么？		

财经	成功日志：我取得过哪些成功——成功事件，心得		
关系			

生活意义，工作，精神	有哪些事情让我感觉到喜悦？		
	我学到了哪些事情？		

星期一	星期二	星期三
为什么当下的今天是一次机遇？		
今天最重要的任务（60-60-20）		
有哪些我不太喜欢的事情？		
有哪些事情让我心怀感激？		
我学到了哪些事情？	任务（我可以为自己或者其他人带来哪些喜悦？）	

星期四	星期五	星期六
为什么当下的今天是一次机遇？		
今天最重要的任务（60-60-20）		
有哪些我不太喜欢的事情？		
有哪些事情让我心怀感激？		

		星期日
		我要这样计划自己的下一周：
任务（我可以为自己或者其他人带来哪些喜悦？）		

箴言（长期）：

身份	生活意义/任务	价值/角色/信念
长期目标（10年）	中期目标（2—5年）	短期目标（1年）

本周首要工作

如果我明白自己渴望成功，那么本周（今天）我要做什么?

重要节日:

重点（本周）:

健康	活动时间安排	何时（60-60-20）	目标/结果/原因

关系	我能够主导什么?		

财经	成功日志: 我取得过哪些成功——成功事件，心得		
关系			

生活意义，工作，精神	有哪些事情让我感觉到喜悦?		
	我学到了哪些事情?		

星期一	星期二	星期三
为什么当下的今天是一次机遇？		
今天最重要的任务（60-60-20）		
有哪些我不太喜欢的事情？		
有哪些事情让我心怀感激？		
我学到了哪些事情？	任务（我可以为自己或者其他人带来哪些喜悦？）	

星期四	星期五	星期六
为什么当下的今天是一次机遇？		
今天最重要的任务（60-60-20）		
有哪些我不太喜欢的事情？		
有哪些事情让我心怀感激？		

	星期日
	我要这样计划自己的下一周：

任务（我可以为自己或者其他人带来哪些喜悦？）		

箴言（长期）：

身份	生活意义/任务	价值/角色/信念
长期目标（10年）	中期目标（2—5年）	短期目标（1年）
本周首要工作		
如果我明白自己渴望成功，那么本周（今天）我要做什么？		

重点（本周）：

健康	活动时间安排	何时（60-60-20）	目标/结果/原因
关系	我能够主导什么？		
财经	成功日志：我取得过哪些成功——成功事件，心得		
关系			
生活意义，工作，精神	有哪些事情让我感觉到喜悦？		
	我学到了哪些事情？		

星期一	星期二	星期三
为什么当下的今天是一次机遇？		
今天最重要的任务（60-60-20）		
有哪些我不太喜欢的事情？		
有哪些事情让我心怀感激？		
我学到了哪些事情？	任务（我可以为自己或者其他人带来哪些喜悦？）	

星期四	星期五	星期六
为什么当下的今天是一次机遇？		
今天最重要的任务（60-60-20）		
有哪些我不太喜欢的事情？		
有哪些事情让我心怀感激？		

		星期日
		我要这样计划自己的下一周：
任务（我可以为自己或者其他人带来哪些喜悦？）		

箴言（长期）：

身份	生活意义/任务	价值/角色/信念
长期目标（10年）	中期目标（2—5年）	短期目标（1年）

本周首要工作

如果我明白自己渴望成功，那么本周（今天）我要做什么？

重要节日：

重点（本周）：

健康	活动时间安排	何时（60-60-20）	目标/结果/原因

关系	我能够主导什么？		

财经	成功日志：我取得过哪些成功——成功事件，心得		
关系			

生活意义，工作，精神	有哪些事情让我感觉到喜悦？		
	我学到了哪些事情？		

星期一	星期二	星期三
为什么当下的今天是一次机遇？		
今天最重要的任务（60-60-20）		
有哪些我不太喜欢的事情？		
有哪些事情让我心怀感激？		
我学到了哪些事情？	任务（我可以为自己或者其他人带来哪些喜悦？）	

星期四	星期五	星期六
为什么当下的今天是一次机遇？		
今天最重要的任务（6 0 - 6 0 - 2 0）		
有哪些我不太喜欢的事情？		
有哪些事情让我心怀感激？		
		星期日
		我要这样计划自己的下一周：
任务（我可以为自己或者其他人带来哪些喜悦？）		

箴言（长期）：

身份	生活意义/任务	价值/角色/信念

长期目标（10年）	中期目标（2—5年）	短期目标（1年）

本周首要工作

如果我明白自己渴望成功，那么本周（今天）我要做什么?

重要节日：

重点（本周）：

健康	活动时间安排	何时（60-60-20）	目标/结果/原因

关系	我能够主导什么？		

财经	成功日志：我取得过哪些成功——成功事件，心得		
关系			

生活意义，工作，精神	有哪些事情让我感觉到喜悦？		
	我学到了哪些事情？		

星期一	星期二	星期三
为什么当下的今天是一次机遇？		
今天最重要的任务（60-60-20）		
有哪些我不太喜欢的事情？		
有哪些事情让我心怀感激？		
我学到了哪些事情？	任务（我可以为自己或者其他人带来哪些喜悦？）	

星期四	星期五	星期六
为什么当下的今天是一次机遇？		
今天最重要的任务（60-60-20）		
有哪些我不太喜欢的事情？		
有哪些事情让我心怀感激？		

		星期日
		我要这样计划自己的下一周：
任务（我可以为自己或者其他人带来哪些喜悦？）		

箴言（长期）：

身份	生活意义/任务	价值/角色/信念

长期目标（10年）	中期目标（2—5年）	短期目标（1年）

本周首要工作

如果我明白自己渴望成功，那么本周（今天）我要做什么?

重点（本周）：

健康	活动时间安排	何时（60-60-20）	目标/结果/原因

关系	我能够主导什么？		

财经	成功日志：我取得过哪些成功——成功事件，心得		
关系			

生活意义，工作，精神	有哪些事情让我感觉到喜悦？		
	我学到了哪些事情？		

星期一	星期二	星期三
为什么当下的今天是一次机遇？		
今天最重要的任务（6 0 - 6 0 - 2 0）		
有哪些我不太喜欢的事情？		
有哪些事情让我心怀感激？		
我学到了哪些事情？	任务（我可以为自己或者其他人带来哪些喜悦？）	

星期四	星期五	星期六
为什么当下的今天是一次机遇？		
今天最重要的任务（60-60-20）		
有哪些我不太喜欢的事情？		
有哪些事情让我心怀感激？		

		星期日
		我要这样计划自己的下一周：

任务（我可以为自己或者其他人带来哪些喜悦？）		

箴言（长期）：

身份	生活意义/任务	价值/角色/信念
长期目标（10年）	中期目标（2—5年）	短期目标（1年）
本周首要工作		
如果我明白自己渴望成功，那么本周（今天）我要做什么?		

重要节日：

重点（本周）：

健康	活动时间安排	何时（60-60-20）	目标/结果/原因

关系	我能够主导什么？		

财经	成功日志：我取得过哪些成功——成功事件，心得		
关系			

生活意义，工作，精神	有哪些事情让我感觉到喜悦？		
	我学到了哪些事情？		

星期一	星期二	星期三
为什么当下的今天是一次机遇？		
今天最重要的任务（60-60-20）		
有哪些我不太喜欢的事情？		
有哪些事情让我心怀感激？		
我学到了哪些事情？	任务（我可以为自己或者其他人带来哪些喜悦？）	

星期四	星期五	星期六
为什么当下的今天是一次机遇？		
今天最重要的任务（60-60-20）		
有哪些我不太喜欢的事情？		
有哪些事情让我心怀感激？		

		星期日
		我要这样计划自己的下一周：

任务（我可以为自己或者其他人带来哪些喜悦？）		

箴言（长期）：

身份	生活意义/任务	价值/角色/信念
长期目标（10年）	中期目标（2—5年）	短期目标（1年）

本周首要工作

如果我明白自己渴望成功，那么本周（今天）我要做什么？

重要节日：

重点（本周）：

健康	活动时间安排	何时（60-60-20）	目标/结果/原因
关系	我能够主导什么？		
财经	成功日志：我取得过哪些成功——成功事件，心得		
关系			
生活意义，工作，精神	有哪些事情让我感觉到喜悦？		
	我学到了哪些事情？		

星期一	星期二	星期三
为什么当下的今天是一次机遇？		
今天最重要的任务（60-60-20）		
有哪些我不太喜欢的事情？		
有哪些事情让我心怀感激？		
我学到了哪些事情？	任务（我可以为自己或者其他人带来哪些喜悦？）	

星期四	星期五	星期六
为什么当下的今天是一次机遇？		
今天最重要的任务（60-60-20）		
有哪些我不太喜欢的事情？		
有哪些事情让我心怀感激？		

	星期日
	我要这样计划自己的下一周：

任务（我可以为自己或者其他人带来哪些喜悦？）	

箴言（长期）：

身份	生活意义/任务	价值/角色/信念
长期目标（10年）	中期目标（2—5年）	短期目标（1年）
本周首要工作		
如果我明白自己渴望成功，那么本周（今天）我要做什么？		

重要节日：

重点（本周）：

健康	活动时间安排	何时（60-60-20）	目标/结果/原因

关系	我能够主导什么？		

财经	成功日志：我取得过哪些成功——成功事件，心得		
关系			

生活意义，工作，精神	有哪些事情让我感觉到喜悦？		
	我学到了哪些事情？		

星期一	星期二	星期三
为什么当下的今天是一次机遇？		
今天最重要的任务（60-60-20）		
有哪些我不太喜欢的事情？		
有哪些事情让我心怀感激？		
我学到了哪些事情？	任务（我可以为自己或者其他人带来哪些喜悦？）	

星期四	星期五	星期六
为什么当下的今天是一次机遇？		
今天最重要的任务（６０－６０－２０）		
有哪些我不太喜欢的事情？		
有哪些事情让我心怀感激？		

		星期日
		我要这样计划自己的下一周：
任务（我可以为自己或者其他人带来哪些喜悦？）		

箴言（长期）：

身份	生活意义/任务	价值/角色/信念
长期目标（10年）	中期目标（2—5年）	短期目标（1年）

本周首要工作

如果我明白自己渴望成功，那么本周（今天）我要做什么?

重要节日：

重点（本周）：

健康	活动时间安排	何时（60-60-20）	目标/结果/原因

关系	我能够主导什么？		

财经	成功日志：我取得过哪些成功——成功事件，心得		
关系			

生活意义，工作，精神	有哪些事情让我感觉到喜悦？		
	我学到了哪些事情？		

星期一	星期二	星期三
为什么当下的今天是一次机遇？		
今天最重要的任务（60-60-20）		
有哪些我不太喜欢的事情？		
有哪些事情让我心怀感激？		
我学到了哪些事情？	任务（我可以为自己或者其他人带来哪些喜悦？）	

星期四	星期五	星期六
为什么当下的今天是一次机遇?		
今天最重要的任务（60-60-20）		
有哪些我不太喜欢的事情?		
有哪些事情让我心怀感激?		

		星期日
		我要这样计划自己的下一周:

任务（我可以为自己或者其他人带来哪些喜悦?）		

箴言（长期）：

身份	生活意义/任务	价值/角色/信念
长期目标（10年）	中期目标（2—5年）	短期目标（1年）

本周首要工作

如果我明白自己渴望成功，那么本周（今天）我要做什么？

重要节日：

重点（本周）：

健康	活动时间安排	何时（60-60-20）	目标/结果/原因
关系	我能够主导什么？		
财经	成功日志：我取得过哪些成功——成功事件，心得		
关系			
生活意义，工作，精神	有哪些事情让我感觉到喜悦？		
	我学到了哪些事情？		

星期一	星期二	星期三
为什么当下的今天是一次机遇？		
今天最重要的任务（60-60-20）		
有哪些我不太喜欢的事情？		
有哪些事情让我心怀感激？		
我学到了哪些事情？	任务（我可以为自己或者其他人带来哪些喜悦？）	

星期四	星期五	星期六
为什么当下的今天是一次机遇？		
今天最重要的任务（６０-６０-２０）		
有哪些我不太喜欢的事情？		
有哪些事情让我心怀感激？		

		星期日
		我要这样计划自己的下一周：
任务（我可以为自己或者其他人带来哪些喜悦？）		

箴言（长期）：

身份	生活意义/任务	价值/角色/信念
长期目标（10年）	中期目标（2—5年）	短期目标（1年）
本周首要工作		
如果我明白自己渴望成功，那么本周（今天）我要做什么？		

重要节日:

重点（本周）:

健康	活动时间安排	何时（60-60-20）	目标/结果/原因

关系	我能够主导什么？

财经	成功日志：我取得过哪些成功——成功事件，心得
关系	

生活意义，工作，精神	有哪些事情让我感觉到喜悦？
	我学到了哪些事情？

星期一	星期二	星期三
为什么当下的今天是一次机遇？		
今天最重要的任务（60-60-20）		
有哪些我不太喜欢的事情？		
有哪些事情让我心怀感激？		
我学到了哪些事情？	任务（我可以为自己或者其他人带来哪些喜悦？）	

星期四	星期五	星期六
为什么当下的今天是一次机遇？		
今天最重要的任务（60-60-20）		
有哪些我不太喜欢的事情？		
有哪些事情让我心怀感激？		

		星期日
		我要这样计划自己的下一周：
任务（我可以为自己或者其他人带来哪些喜悦？）		

箴言（长期）：

身份	生活意义/任务	价值/角色/信念

长期目标（10年）	中期目标（2—5年）	短期目标（1年）

本周首要工作

如果我明白自己渴望成功，那么本周（今天）我要做什么？

重要节日：

重点（本周）：

健康	活动时间安排	何时（60-60-20）	目标/结果/原因
关系	我能够主导什么？		
财经	成功日志：我取得过哪些成功——成功事件，心得		
关系			
生活意义，工作，精神	有哪些事情让我感觉到喜悦？		
	我学到了哪些事情？		

星期一	星期二	星期三
为什么当下的今天是一次机遇？		
今天最重要的任务（60-60-20）		
有哪些我不太喜欢的事情？		
有哪些事情让我心怀感激？		
我学到了哪些事情？	任务（我可以为自己或者其他人带来哪些喜悦？）	

星期四	星期五	星期六
为什么当下的今天是一次机遇？		
今天最重要的任务（60-60-20）		
有哪些我不太喜欢的事情？		
有哪些事情让我心怀感激？		

		星期日
		我要这样计划自己的下一周：
任务（我可以为自己或者其他人带来哪些喜悦？）		

箴言（长期）：

身份	生活意义/任务	价值/角色/信念

长期目标（10年）	中期目标（2—5年）	短期目标（1年）

本周首要工作

如果我明白自己渴望成功，那么本周（今天）我要做什么？

重要节日：

重点（本周）：

健康	活动时间安排	何时（60-60-20）	目标/结果/原因
关系	我能够主导什么？		
财经	成功日志：我取得过哪些成功——成功事件，心得		
关系			
生活意义，工作，精神	有哪些事情让我感觉到喜悦？		
	我学到了哪些事情？		

星期一	星期二	星期三
为什么当下的今天是一次机遇？		
今天最重要的任务（60-60-20）		
有哪些我不太喜欢的事情？		
有哪些事情让我心怀感激？		
我学到了哪些事情？	任务（我可以为自己或者其他人带来哪些喜悦？）	

星期四	星期五	星期六
为什么当下的今天是一次机遇？		
今天最重要的任务（60-60-20）		
有哪些我不太喜欢的事情？		
有哪些事情让我心怀感激？		

		星期日
		我要这样计划自己的下一周：

任务（我可以为自己或者其他人带来哪些喜悦？）		

箴言（长期）：

身份	生活意义/任务	价值/角色/信念
长期目标（10年）	中期目标（2—5年）	短期目标（1年）

本周首要工作

如果我明白自己渴望成功，那么本周（今天）我要做什么？

重要节日：

重点（本周）：

健康	活动时间安排	何时（60-60-20）	目标/结果/原因

关系	我能够主导什么？		

财经	成功日志：我取得过哪些成功——成功事件，心得		
关系			

生活意义，工作，精神	有哪些事情让我感觉到喜悦？		
	我学到了哪些事情？		

星期一	星期二	星期三
为什么当下的今天是一次机遇？		
今天最重要的任务（60-60-20）		
有哪些我不太喜欢的事情？		
有哪些事情让我心怀感激？		
我学到了哪些事情？	任务（我可以为自己或者其他人带来哪些喜悦？）	

星期四	星期五	星期六
为什么当下的今天是一次机遇？		
今天最重要的任务（60-60-20）		
有哪些我不太喜欢的事情？		
有哪些事情让我心怀感激？		

		星期日
		我要这样计划自己的下一周：

任务（我可以为自己或者其他人带来哪些喜悦？）		

箴言（长期）：

身份	生活意义/任务	价值/角色/信念
长期目标（10年）	中期目标（2—5年）	短期目标（1年）

本周首要工作

如果我明白自己渴望成功，那么本周（今天）我要做什么?

重要节日：

重点（本周）：

健康	活动时间安排	何时（60-60-20）	目标/结果/原因

关系	我能够主导什么？		

财经	成功日志：我取得过哪些成功——成功事件，心得		
关系			

生活意义，工作，精神	有哪些事情让我感觉到喜悦？		
	我学到了哪些事情？		

星期一	星期二	星期三
为什么当下的今天是一次机遇？		
今天最重要的任务（6 0 - 6 0 - 2 0）		
有哪些我不太喜欢的事情？		
有哪些事情让我心怀感激？		
我学到了哪些事情？	任务（我可以为自己或者其他人带来哪些喜悦？）	

星期四	星期五	星期六
为什么当下的今天是一次机遇？		
今天最重要的任务（60-60-20）		
有哪些我不太喜欢的事情？		
有哪些事情让我心怀感激？		

		星期日
		我要这样计划自己的下一周：

任务（我可以为自己或者其他人带来哪些喜悦？）		

箴言（长期）：

身份	生活意义/任务	价值/角色/信念

长期目标（10年）	中期目标（2—5年）	短期目标（1年）

本周首要工作

如果我明白自己渴望成功，那么本周（今天）我要做什么?

重要节日：

重点（本周）：

健康	活动时间安排	何时（60-60-20）	目标/结果/原因
关系	我能够主导什么？		
财经	成功日志：我取得过哪些成功——成功事件，心得		
关系			
生活意义，工作，精神	有哪些事情让我感觉到喜悦？		
	我学到了哪些事情？		

星期一	星期二	星期三
为什么当下的今天是一次机遇？		
今天最重要的任务（６０－６０－２０）		
有哪些我不太喜欢的事情？		
有哪些事情让我心怀感激？		
我学到了哪些事情？	任务（我可以为自己或者其他人带来哪些喜悦？）	

星期四	星期五	星期六
为什么当下的今天是一次机遇？		
今天最重要的任务（60-60-20）		
有哪些我不太喜欢的事情？		
有哪些事情让我心怀感激？		

星期日
我要这样计划自己的下一周：

任务（我可以为自己或者其他人带来哪些喜悦？）	

借项/应收账款

☐

☐

☐

归还款项/支付款项

☐

☐

☐

想法日志

重点金句

☐

☐

☐

项目

☐

☐

☐

我的梦想相册

我的财务状况

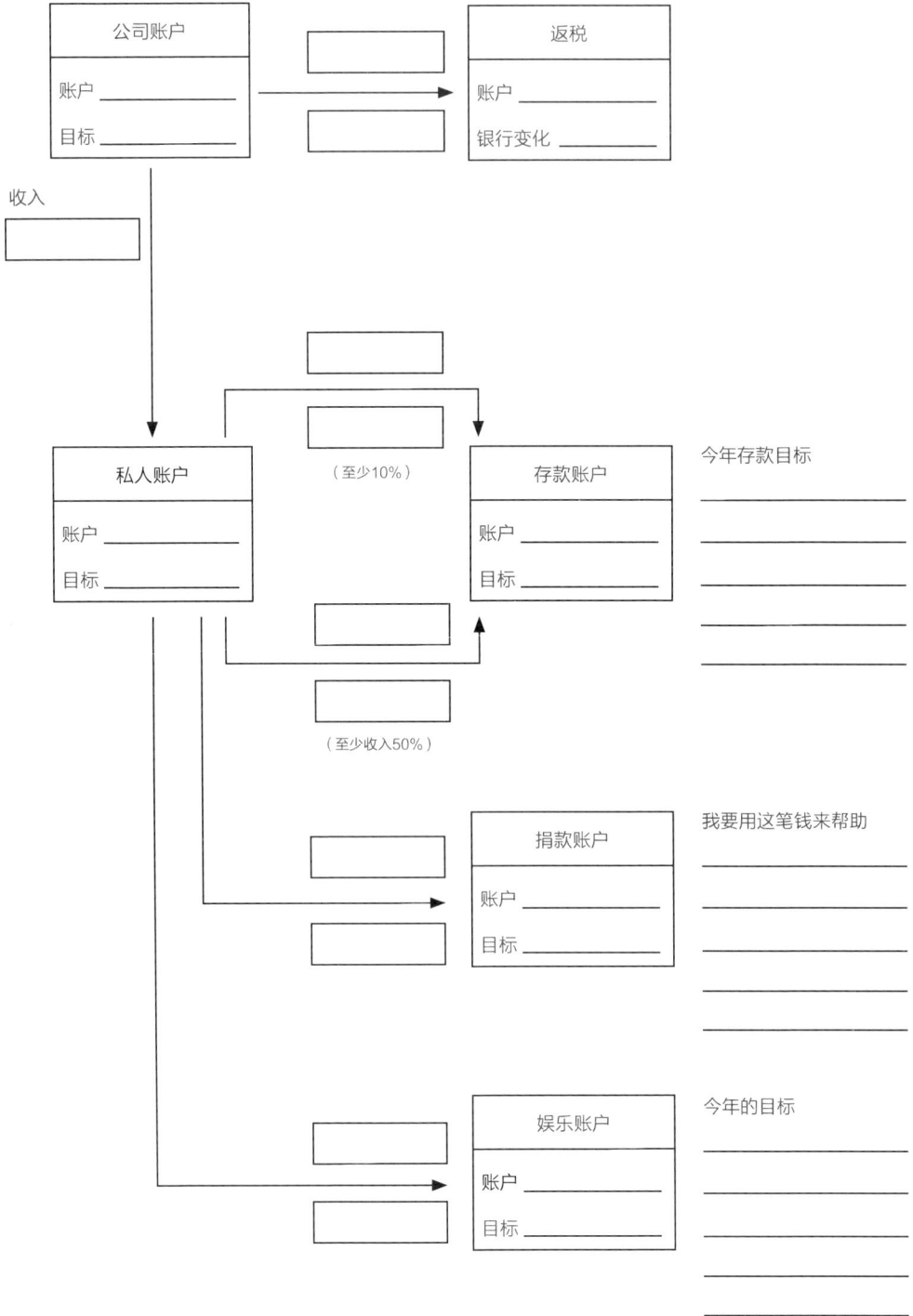

```
┌─────────────────────┐      ┌─────────────┐      ┌─────────────────────┐
│ 公司账户             │      │             │      │ 返税                │
│                      │      └─────────────┘      │                      │
│ 账户 _____     │ ────────────────────────▶ │ 账户 _____     │
│                      │      ┌─────────────┐      │                      │
│ 目标 _____     │      │             │      │ 银行变化 _____   │
└─────────────────────┘      └─────────────┘      └─────────────────────┘
```

收入
```
┌─────────────────────┐
│                      │
└─────────────────────┘
```

```
                              ┌─────────────┐
                              │             │
                              └─────────────┘
                              ┌─────────────┐
                              │             │
                              └─────────────┘

┌─────────────────────┐   （至少10%）    ┌─────────────────────┐    今年存款目标
│ 私人账户             │                   │ 存款账户            │
│                      │                   │                      │    _____
│ 账户 _____     │                   │ 账户 _____     │    _____
│                      │                   │                      │    _____
│ 目标 _____     │   ┌─────────────┐ │ 目标 _____     │    _____
└─────────────────────┘   │             │ └─────────────────────┘    _____
                          └─────────────┘
                          ┌─────────────┐
                          │             │
                          └─────────────┘
                          （至少收入50%）
```

```
                          ┌─────────────┐      ┌─────────────────────┐    我要用这笔钱来帮助
                          │             │      │ 捐款账户            │
                          └─────────────┘      │                      │    _____
                                               │ 账户 _____     │    _____
                          ┌─────────────┐      │                      │    _____
                          │             │      │ 目标 _____     │    _____
                          └─────────────┘      └─────────────────────┘    _____
```

```
                          ┌─────────────┐      ┌─────────────────────┐    今年的目标
                          │             │      │ 娱乐账户            │
                          └─────────────┘      │                      │    _____
                                               │ 账户 _____     │    _____
                          ┌─────────────┐      │                      │    _____
                          │             │      │ 目标 _____     │    _____
                          └─────────────┘      └─────────────────────┘    _____
```

关于我的资产的有趣观察

资产	风险因素	上一年情况	最高行情	最低行情	今日行情（日期）

月度或季度观课笔记

计划 \ 时间点			